温州市文史研究馆　出品

一代师表

金嵘轩

夏海豹 陈伟玲 编

温州学人印象丛书

文匯出版社

出版说明

在温州五千年的文明史进程中，涌现了一批载入史册的文化名人，正所谓“人物满东瓯”“永嘉前辈读书多”。这些人物在各自的领域推动了社会的发展、历史的进步。尤其晚清民国以来，温州人积极融入改革开放的历史变局，出现了多个知识群体，促进了中国现代化进程。

“一方水土养一方人。”这些人物成长，离不开温州这片土地的滋养。“东瓯人物”“永嘉前辈”烙着深深的温州文化印记。

为了加强温州历史文化名人研究，温州市文史研究馆策划出版“温州学人印象丛书”。这套丛书的研究对象以近现代学人为主，一人一册，收集回忆纪念该人物的“三亲”文章，原则上不收论文式的研究文章，突出史料性、系统性、可读性，以合乎“印象”之义，乃别样的人物传记。

文化名人是一座城市重要的软实力，希望通过这套“温州学人印象丛书”的出版，能为助力温州文化建设、传播温州良好城市形象贡献力量。让我们一起努力。

温州市文史研究馆

二〇二一年十月

目　录

著名教育家金嵘轩先生传赞

苏渊雷

自清季经学大师孙仲容（诒让）先生创办温州中学，开风气之先，迄金嵘轩先生迭主校政，后先辉映，盖八十余年于兹矣。其所造就人材，卓尔有立，知名海内外者，殆莫不受其薰沐焉。

先生名嵘，字嵘轩，浙之瑞安林垟人。少问学于宗叔晦，即宋平子赠诗所谓“颜李正传在瓯骆，卖浆群里一天民”，世称遁斋先生是也。稍长东渡，入东京高等师范。结识章太炎、陶成章等著名革命党人，并从章氏游，接受民主革命思想。学成返国，立志教育，俾遂其救国救世之宏愿。二十年代初，首在瑞安与同里周予同、李笠等创“知行社”，联络青年知识分子，进行教育普及工作。此物此志，毕生以之。

一九二一年起，历任浙江省立第十中学（后改名温州中学）、第十师范学校（后并入十中）、浙江省地方自治专修学校、江苏省立镇江中学、福建省立师范学校、浙江省立温州师范学校、瑞安县立中学教师、主任、校长等职。抗战时深入永嘉山区，创办济时中学，独任其难。解放后继任温中校长，至此已三长温中，先后凡廿五年，历时最久，建树尤多。始终热爱真理，坚持进步。尚忆一九二四年秋，丁军阀割据黑暗时代，先生不计个人安危得失，毅然邀请苏联回国校友谢文锦同志，莅校公开演讲，宣传十月革命，树温州放眼世界、建立革命据点之先声。先生既不满当时政治，因同情革命师生地下活动，不时予以支援。其时蔡雄烈士，方偕余主持温州学联工作，致遭浙省军阀忌恶；先生获当时道尹张宗祥暗示，力为保护，此则世所未知者也。至其尽瘁教育，延聘良师，变卖家产，充发欠薪，尤为世所乐道，此不赘已。

建国后先生欣逢盛世，益坚教育报国之心。办学过程，处处发扬民主，尊重教师，关心学生全面发展，倡导勤奋好学学风。影响所及，遂使温中蔚为全地区教育与学术之中心。其兼任浙省人大代表，省政协常委，市政协副主席、副市长，并担任中国民主同盟市主任委员及省副主任委员时，尤能勤于学习，认真贯彻方针政策，表现极大政治热情。先生实为浙省具有重大影响之爱国民主人士，抑亦党之得力助手也。

综计先生从事教育及政治工作期间，严于律己，诚以待人，顾全大局，公私分明，数十年如一日。此又先生早岁服膺阳明知行合一之教，身体力行，矢志靡它之效也。“文革”期间横遭诽谤，致身心深受损害，不获医治而赍志以殁，得年八十。病革时犹缅怀祖国，写下遗书，一笔不苟，嘱咐亲属：“树立正派家风”“爱护公家财富”“终身为祖国服务”。语重心长，感人肺腑。呜呼！先生之风，可以示范百世矣。

余早岁受教，中更忧患，学殖荒落，无以自振。先生每视余稍有寸进，辄宠赐宴谈，期勉有加。余及今犹得厕身上舍，忝为人师者，多先生夙昔训诲之赐也。值兹百年诞辰，温州各界人士，饮德溯源，咸推祭酒。回首师门，益增愧仰。因述高躅，用示周行。哲嗣志庄，余夙获交，不幸已谢世。志纯以名医服务桑梓，孙辈流誉海内外者尤盛。大雅明哲，无愧古今。爰为赞曰：

甗甗师长，夙志澄清。东渡留学，革命参盟。

知行合一，笃信阳明。毁家助校，举世同倾。

见危受命，急难全生。坚持真理，与时偕行。

毕生教育，继轨籀庼。东瓯学子，永式永铭。

一九八七年四月十日

本文选自《瓣香集》，温州市金嵘轩先生诞辰百周年纪念筹备委员会一九八七年编印。

高山仰止

胡今虚

金嵘轩先生是温州现代的杰出教育家，他从青年时期在日本留学并开始工作起，至八十高龄逝世，毕生精力都贡献于教育事业。先生是仁慈的长者，但在事业上却又是坚毅的力行者，凡志之所在，必竭智尽心，坚持到底，百折不挠，真是“身可危，而志不可夺”。从二十年代初至全国解放前夕三十年间，先生先后主持省立温州中学（师范）、私立永嘉济时中学和县立瑞安中学，无不是“受命于危难之际”，与全校师生同舟共济，卓著劳绩。五十多年前，先生自动毁产兴学的义举，至今还为世人所传颂。

我生也晚，未得亲列先生门墙。少时即常闻长辈称述先生德业，景慕之情，与时俱积。直至抗日战争结束之时，我才得在先生直接领导下参与学校工作，为时虽短，但获益殊多，终身感佩。那是一九四五年九月，瑞安县立中学正在把前因战时分散在乡区的临时班级与远在大峃镇的分部集中城里。新学期已经开始，百端待理，但校长一职还未得人。原来前两年校长暂由县长兼代，此时县长实再不能兼顾。本地一些有野心者乘机活动，妄图染指，都为地方公正人士所抵制。学校情况复杂，困难重重，教育界洁身自好者与几位众望所归的前辈，都有所顾虑，不愿涉足瑞中。这时，金嵘轩先生从福建师范学校归家不久，各方一致坚请先生出任艰巨，先生虽然多次谦让，实也义不容辞。先生接事之初，即如蔡元培之办理北京大学，首先部署人事，广延名师专家，只要学校所需，不讲私谊，不问政见，都情商礼聘，兼容并包，使各展其才，各安其事。浙江大学教授陈楚淮，暑假中也回瑞安，先生知道浙大战后复课较迟，即坚请楚淮先生在返校之前，先为瑞中初中部任教新生英语两三星期，然后待人接替。初中部班级特多，住校学生有三四百人，膳宿的安排，秩序的建立，特为烦难。开学之日，诸事基本就绪，仅初中部主任工作，还没有教师愿意兼任。嵘轩先生知道我这时办理本县小学教员暑期讲习班已经结束，即托人央我试充初中部主任兼教新生班级国文，并与住校学生同膳宿，负责辅导。我愚而且戆，未明情况，即贸然应命，率尔而行。所幸在嵘轩先生密切指点，与唐贽、金作镐等教师推诚协助之下，一学期过来，总算不曾发生什么事故或纠葛。学期将结束时，本城创办电影院，嵘轩先生以它与文化教育有关，也加赞助。先生曾与本校教师去看黑白电影片《义丐》，演武训办学事。在教职员会议上，先生说：“教育原是清苦事，但武训行乞兴学，比我们不知艰苦多少倍，他从来不曾畏惧退缩。我们工作中，只要想想武训，学学陶行知，即再没有什么不可克服的困难。”当时我们都刚刚从八年抗战的大苦难中过来，对此都深有同感。

嵘轩先生不仅尽心办好自己的学校，还同时关心整个地方教育事业。一九四六年初，本县简易师范学校校长被人攻击去职，继任者一时未定，本地国民党棍与一些土劣都蠢动争夺，当然为舆论所不容。这学校规模很小，经费更为短绌，本县文教界尽管多有专家名师，但谁都不愿屈就此职。几位热心人同嵘轩先生磋商，以我祖籍瑞安，却又一向家住温州，同本地新旧各派势力素少抵触，便要把我从瑞中抽调到简易师范学校。嵘轩先生还为此允诺分期从中学借调有名望的老教师曾博孚、沈士奇、许世铮、项桂荪、陈仲公、曾联松等来师范学校兼课或兼职，教育界前辈王超六对此更热情赞同。我受电影《义丐》和嵘轩先生大公无私精神的鼓舞，并得各方扶助，奋勉把这所底子脆弱的学校撑持了七个学期，直到县城解放后辞职，这个学校也即从此并入县立中学统一办理。

嵘轩先生任瑞中校长刚刚两个学期，一个更艰巨的任务又落在他的铁肩。一九四六年暑假，在全国人民纷起反对内战、反对暴政、争取民主的运动高涨的形势下，省立温州中学校长被迫去职，好久乏人继任，校务陷于停顿，学生有辍学之虞。嵘轩先生德高望重，全温州各县参议会、行政当局、各界公正人士与温中全体师生都热切要求嵘轩先生担当这重任。地方报纸连接发表，或以整版地位刊载各方联名促驾信。《浙瓯日报》还特撰了《敦促金嵘轩先生》七个特大字标题的社论。嵘轩先生挡不住各方的催促，只得赶办了瑞中的移交，匆匆以清癯却很强韧之躯来到温中。各方欢迎之热烈，可以想见。

从五四运动开始，历经第一次大革命，“九一八”事变后的国难，“一二·九”学生抗日救亡运动以至全民抗战，浙南地区每一次青年运动，本地区的最高学府——省立温州中学的爱国学生和进步教师，都是它的带头者和中坚。大革命时期温州革命青年的代表人物，不少即是嵘轩先生任温中校长时所爱护与培育的。现在，嵘轩先生又是站在爱国、民主、进步的立场，顶住反动势力的胁迫，坚定地维持学校的正常教学，并支持学生的正义要求与进步活动。次年六月，为响应全国学生反内战、反饥饿运动，省立温中学生组织并领导城区各中学学生举行大游行，声势壮大。嵘轩先生一面告诫学生要严密组织，提防破坏；一面采取“合法”手段，亲自打电话给本地区行政督察专员兼保安司令余森文，要求他保障游行学生安全，不加武力压制（余森文一向作风开明，抗战初期任丽水地区专员时，即已接近共产党，倾向进步）。学生出发游行时，嵘轩先生亲自参加。这样做，对地方当局来说，是“防止越轨”，实际上则是保护学生，相机行事。城区群众看见老校长金嵘轩先生与学生一同游行，都很感动。当专员余森文赶了过来，嵘轩先生即挽住他一起走在队伍前头，边走边谈，一直到游行结束。结果，游行既达到了目的，又不曾发生不幸事故。此后两年，直至解放前夕，政治情势越来越严酷，嵘轩先生在温中坚持正义，抵制恶势力，保护学生，工作更加艰辛。

省立温州中学经费历来由省政府拨发，教职员薪金（工资、教课钟点费）较本地中学远为优厚，至少高于私立瓯海中学一半。但解放前两年中，物价飞涨，货币不断贬值，学校不论公立或私立，教职员薪金实值越来越低，都难以维持生活。于是，地方各学校只得设法自救，向学生征收学谷（米），以补助教职员生活费用。温州中学因是省立，工资只能仍旧照发正在价值惨跌、将成废纸的纸币“金圆券”。社会流传一个顺口溜：“瓯中校长谷寅侯，教员薪水发学谷；温中校长金嵘轩，薪水几张金纸券。”讽刺辛辣，活画出教员生活的苦况。可是，嵘轩先生在困难面前，从不动摇叫苦，他总是坚定地同全校师生风雨同舟，艰苦奋斗，渡过一个又一个险滩，终于迎来了温州的解放，新中国的诞生。

解放后，温州中学规模不断扩展，条件日益改善，实是全省中学的重点。嵘轩先生年逾古稀，还是亲理校务，不顾劳瘁，而本市人民还推选先生兼任副市长。论职务，这并不是嵘轩先生的最高荣誉，但这是本市人民对先生的爱戴与敬重。先生也总是本着谨严负责的精神，在这个名誉职上，做出许多切实、显著的劳绩。

金嵘轩先生为教育事业贡献了毕生精力。他的精神真似金刚，真实、坚贞，愈久愈著。高山仰止，景行行止。今日，温州教育界与文化界同志，面对艰巨的教育任务与精神文明建设，缅怀嵘轩先生时，总常深情而有信心地说：我们温州真应该有，也一定会有更多更多的“今”嵘轩先生！

一九八七年七月

本文选自《瓣香集》，温州市金嵘轩先生诞辰百周年纪念筹备委员会一九八七年编印。

尽瘁教育　为国育才

——著名教育家金嵘轩先生办学业绩纪实

黄来仪

一

金嵘轩先生（1887—1967），原名金桐熙，又名金嵘，瑞安林垟人。幼年进乡里私塾读书，启蒙导师系浙南著名哲学家金晦先生。一九〇六年，他东渡日本求学，先后进东京东亚日语预备学校、弘文书院、东京数学馆等校，后考入东京高等师范学院，毕业后又升入该院教育研究科学习一年毕业。在日本求学期间，曾与革命党人章太炎、陶成章有所接触，接受了民主革命思想，以救国济民为己任。

他在日本高师毕业归国后，执教于省立第十中学（温中前身），兼教于第十师范学校，不久，任师范部主任。一九二四年，十中与师范合并，称省立十中，省教育厅长张宗祥委他为十中校长，时年仅三十六岁。北伐战争后，新省府未成立，学校停课，他应学生所请，出来主持复课，继任校长。一九二七年五月，省教育厅电邀他为省督学。同年十二月，为了解日本教育现状，赴日本工作，并任留学生监督处学务科科长。归国后任浙江省地方自治专校教务主任，兼教育厅社教科科长。

金嵘轩先生从省教育厅、自治专校离任后，先后在南京正中书局、江苏省立镇江中学、福建省立师范等处任职。抗战爆发后，他从福建永安返瑞安途中，在南平车站遇汽车发生爆炸燃烧事故，不幸因头、胸部烧伤住院治疗。伤愈后，任省立温州师范学校社会教育处主任。一九三九年四月，应邀任永嘉县私立济时初级中学校长。一九四五年八月回故乡任瑞安县立中学校长，翌年夏应邀再次出任温中校长。

温州解放后，中共温州市委、市人民政府鉴于金嵘轩先生一生精诚办学，继续委任他为温中校长。一九五六年一月，温州人民推选他任副市长。他先后当选为省第一届人大代表，温州市政协第一届委员，二、三届常务委员，民盟温州市委主任委员、民盟省委副主任委员。

一九六七年十月九日，这位德高望重的浙南教育家与世长辞。近半个世纪以来，他精心办学，培育了一代又一代新人，为祖国的教育事业作出了卓越的贡献。如今，已是桃李满天下，良材承大厦。对于他的逝世，浙南的后学者无不深表哀悼。正如他的学生、我国著名历史学家夏鼐在挽联中所表达的那样：“绛帐追思，春草池塘犹昨梦；素帷遥奠，燕山瓯水共含悲。”

二

金嵘轩先生早在青年时代，就接受民主革命思想，二十岁便毅然剪掉辫子，以示反抗清王朝的统治。在省立十中（温中前身）任职期间，笃信孙中山先生“联俄、联共、扶助农工”的新三民主义。一九二四年秋，他不顾个人安危，邀请刚从苏联归国、受中共中央指派来温发展组织的校友谢文锦到校演讲，在广大学生中传播革命思想。当时校内文艺团体“血波社”的中坚分子金家济（即金贯真），曾在“五卅”惨案发生后不久，带领同学上街游行，抗议日、英帝国主义暴行，并查缉日货，把日货运至十中操场焚烧。他的爱国义举深得金校长的赞赏，并为他更名“贯真”，意在赞扬和鼓励他永远“贯”彻“真”理。是年冬，金贯真加入中国共产党，后成为浙南党早期的杰出领导人和红十三军创建人之一，他壮烈牺牲后，周恩来同志在悼文中赞誉他是“浙江的金龙”。

在旧中国，金嵘轩先生热情支持学生运动。一九二五年他任省立十中校长时，校内出版的《十中旬刊》就是在“五四”“五卅”运动之后以反帝反封建的姿态出现的。一九四六年，他再度出任温中校长后，对于参加地下党活动的学生，他总是微笑着鼓励：“你们走的路，若认为对，应该坚持走下去。”随着全国学生运动的蓬勃开展，温中的学生运动也点燃起熊熊烈火。地下党支部曾利用《温中导报》开展革命宣传，一度改油印为铅印，金校长还亲笔写了刊头。

一九四八年上半年，温州中学、瓯海中学、永嘉中学的学生，联合编辑了“五卅”纪念画刊，揭露国民党假民主、真独裁的暴行，轰动了全市。国民党当局密令学校“严究共党分子活动”。金校长一面向当局周旋敷衍，一面向学生出示密令，嘱咐进步学生今后活动要多加小心。在金校长的关怀保护下，进步学生遂免遭毒手。同年夏，省教育厅责令金校长密报进步学生名单，他不仅顶住不报，而且提出辞职，受到全校师生的敬佩和挽留。翌年初，几位进步学生突遭国民党特务的逮捕，他多方设法，保释出狱。

温州解放前夕，一些捣乱分子妄图解散学校。金校长团结进步师生，坚持护校，迎接解放。新中国成立后，他认真学习马列主义、毛泽东思想，矢志不移，献身教育。他曾写道：“我今年六十多岁了，人家常以老让我一着，对我的要求往往不高，处处原谅和宽恕我，因而放弃了对我的帮助。其实，在我这是莫大的痛苦。”他认为，以健康的标准来衡量，六七十岁还是正当壮年，所以他一直不服老。他从事教育事业数十年，直到解放才真正感到找到了方向和道路，内心充满无比的喜悦，他接着写道：“我更鼓起余勇，在毛主席和共产党的领导下，发挥我的才能，发出我的光热，为人民的教育事业服务，以遂我终身服务教育的初衷。”

三

抗战胜利后，金嵘轩先生不仅是温州中学的校长，而且是温州中等教育的积极组织者。解放前，温州地区各中学一向没有联系，一九四五年，遵照教育部规定及省中等教育会议决议，全省分为十一个中学区，每区设一个中学教育研究会，并指定省立中学为主持者。这年七月廿七日，遂由温中主持，召开了温州中学区中学教育研究会会议，有十所中学出席。

翌年夏，温中原校长朱一青离职，省教育厅委金嵘轩先生接办，他认为“今后本区各中等学校为互相联系、共同检讨过去及策励将来工作计，应扩大原有之组织”，并为这个组织定名为“浙江省温州区中等学校教育研究会”。经过积极筹备，于同年十一月廿五日在温中宣布成立，并举行第一届大会，金嵘轩先生被推选为临时主席。作为会员的学校在温州市区的有省立温州中学等十所；在乐清的有乐清县立初级中学等四所；在瑞安的有瑞安县立中学等三所；在平阳的有省立温州师范学校等四所；在泰顺的有泰顺县立简易师范学校；在玉环的有玉环县立初级中学等两所。会上还通过了会章。

在金嵘轩先生的主持下，教育研究会不时举行有意义的活动，诸如学生内务总检查；全区学生运动会；学生自然科学讲演及表演比赛；学生社会科学论文写作及讲演比赛；学生英语讲演比赛；组织教育参观团、出会刊以及开展国文科教学研究等。

研究会还联系永嘉城区新闻界，其目的在于“交换意见，联络感情，务期今后本区教育文化界同人，有协同一致之步调而收善导青年之实效”。

各校在办学中遇有重大问题，每每推举金嵘轩先生，向省厅、专署、县府交涉，如一九四六年十一月间，永嘉县政府中途更动永嘉简师校长。当时，此举对学校影响很大，“教研会”即以金嵘轩先生为主，邀集高商、乐清中学、温师等校校长，向当局交涉，要求得到妥善解决。

四

金嵘轩先生办学，极重视时代精神。一九三八年七月间，徐石麟创设永嘉县私立济时初级中学，次年四月金嵘轩受聘为校长。他适应抗战的新形势，亲手撰写了校歌和制订了校训。

校歌歌词开头为:“大时代，大时代，我校创于民族抗战开始后一年。枫林起基，渠口建新舍，地跨两溪，汇通大小源。”下分为三小段:

命名济时，适应时代需要，补充时代缺短，通过时代动荡，赶上时代趋势。大家努力，努力共同，建设新济中。

标明方针，推行地方自治，促进乡村文化，提倡生产教育，发挥劳作精神。大家努力，努力共同，爱护新济中。

规定校训，推行自治在“整”，促进文化在“齐”，提倡生产在“勤”，发挥劳作在“朴”。大家努力，努力共同，发展新济中。

校训为:“整——一起振作精神；齐——全体团结一致；勤——大家为公努力；朴——随处实事求是。”规定以“推行地方自治，促进乡村文化，提倡生产劳动，发挥劳作精神”为济中教育的四大目标。校方还根据校训的精神具体制订了学生应遵守的生活准则，为各校作出了表率。

济时中学在金校长的主持下，办得生机勃勃。师生们热烈欢送学生从军抗日，踊跃出钱和捐献寒衣，还组织文艺宣传队，广泛开展抗日宣传，校内还开辟农场，组织学生种菜、养猪。在教学上还进行了一系列改革:改进各科教学方法;培养学生自学兴趣；均齐学生各科程度；增长学生职业技能；提高学校工作效率。一九四一年四月十九日温州沦陷后，学生疏散于西溪、楠溪各地，金校长偕同其他教师，化了七天时间到各地巡视，促使学校迅速复课，并坚持到学期结束。师生们曾自豪地说:“浙东各中学均因战事停课，唯有我们学校能坚持始终。”

五

金嵘轩先生一向主张学校培育出来的人才，要立志报效祖国，必须有强壮的体魄，有丰富的专业知识。早在留日期间，他目睹日本统治者欺凌我国，视我民族为愚昧落后，讥我人民为“东亚病夫”，他不仅更加刻苦读书，而且与留日学生一起锻炼“冈田静坐法”，常年以冷水洗身。他说：“有丰富的专业知识，又有健康的体魄，才能更好地为祖国服务。”他在办学中始终主张，作为学校一定要培养有公共心、能与人民共存共荣的良材。用他的话来说，就是要引导人“进展到能加入社会人群互谋共存共荣的公生活”，“测量学校文化程度时，亦要拿学校中学生的公共心来作准则”。

他竭力主张知行合一，注重实践。在日本任留学生监督处学务科科长时，曾提出“知是为行，知必须行，不行就是不知”，并组织了“知行社”。归国后，又在瑞安创立“知行社”，倡导“知行务实”“以知行图救国”。这个知行务实的思想，贯穿于他一生的教育事业。一九四九年春，他曾给学生题词：“好学者近乎智，好行者近乎仁。”

知行务实思想还体现在学风上，他在济时中学任内，曾制订“整、齐、勤、朴”的校训，到温中任职后又加以发挥，在温中四十六周年校庆时，他对师生提出了四点要求：一、共同努力养成朴实校风；二、共同努力提高学术空气；三、共同努力鼓励服务精神；四、共同努力建设地方文化。新中国成立后，他坚定地执行党的教育方针，使温中以其“红专健并进，尊师守纪，勤教活学，奋发进取，报效祖国”的校风，赢得了社会的赞誉。

六

金嵘轩先生热心教育、毁产办学的事迹，久已为人称道，赞颂他“重才逾惜宝，兴学雅挥金”“毁产办学献精诚”。解放前，粮价飞涨，民不聊生，他经常动员殷商富户低价出售粮食，救济乡民，并热情解囊资助无力求学的学生，深受乡里人民和学生感激。而他自己从事教育数十年却两袖清风，俭朴度日，即使在解放后荣任温州市副市长，仍身居十平方米斗室。

金校长一向严于律己，从不以权谋私。一九二四年夏间，他儿子志庄与夏鼐（温州籍著名历史学家）同在十中附小念旧制春季高小第三册，还差半年才能毕业。当时学制改革，允许跳过半年考初中。到了临近考试时，金校长认为十中择优招生，大部分应届毕业生将落第，自己的儿子如果考上，人们将怀疑有私弊，会引起闲议。为了避嫌，他毅然阻止儿子报考。夏鼐先生在回忆文章中说：“这件事在我的脑中印象很深，历五十多年并没有把它冲淡。最近几年，我每听到或读到关于高校考试中开后门的丑事，便联想起金嵘轩校长这件故事。”

金嵘轩先生的一生，是为祖国教育事业献身的一生。在他的晚年，极左思潮曾摧残他的身心，“文革”时，又受林彪、江青反革命集团的迫害。但他始终热爱党，热爱社会主义，即使在弥留之际，仍念念不忘祖国，写下遗书嘱咐子孙要“终身为祖国服务”。这岂仅是家书！金嵘轩先生“抵死无忘摅赤胆，弥留犹自念苍生。一言不及家常事，片纸深怀故国情”的崇高思想，是对我们后学者的再教育。

一九八六年八月十五日

本文选自《温州文史资料》第三辑，浙江人民出版社一九八七年十月第一版。

兰陵三祭酒　门下多英才
——记金嵘轩先生三长温中的经历

谷擎一

嵘轩先生与我，虽无直接师承之谊，但自我离开母校从业新闻后，常耳闻先生之坚志洁行；解放初，先生关切乡里新闻事业，允我之请，道义相助，缓解过《进步报》社之困厄（作者自注:《进步报》于一九四九年五月出版三个月后，因借用器材归还，先生牵头筹款，购得原工商新闻社器材，拟继续刊行，后因银行催还借款，人员星散，复刊困难重重，先生复大力协助处理善后）；嗣后我转业教界，于先生主持温中校政之业绩，更耳闻目睹。际兹先生百年诞辰，特追忆数事，以表遐思。

一心正义爱真理　满腔热情护生徒

一九二四年秋，先生首度出任省立十中校长。其时虽国共初建合作，然地方顽固势力仇恨革命，监视严密。十中早期校友、中共中央秘书谢文锦自莫斯科东方大学学成归国，以省亲名义到温州地区秘密发展党组织，宣传马列主义和十月革命。学生金家济等得知其事，同先生联系相邀谢文锦来校讲演。先生一身正义，热爱真理，毫不计较个人的安危得失，赤胆忠诚，毅然约请。十中大厅内座无虚席，鸦雀无声，谢文锦生动有力的语言，激起了青年学生对人类第一个消灭了人剥削人的不合理制度的社会主义苏联的向往。以后，许多学生如陈琢如、苏中常（即苏渊雷）、蔡雄等便走上了革命的道路。

温州当时是直系后起军阀孙传芳割据统治的势力范围，政治混乱，社会黑暗，新旧思潮冲突尖锐，顽固派气焰嚣张。面临如此险恶环境，先生坚持进步，毫无畏惧，暗中同情和支持革命师生的地下活动。校内的进步社团如“血波社”“宏文社”，进步刊物如《温州学生》等，大力宣传“与工农运动相结合”“打倒帝国主义和封建军阀”“为人民的利益而努力奋斗”等革命主张，并揭露国民党右派的罪行。学生领袖们共同发起组织的温州各界“五卅”惨案后援会、温州各界万案后援会，曾经广泛发动群众，游行示威，揭露帝国主义暴行，提倡国货，抵制日货，惩办奸商，等等，先生热情地加以鼓励。学生领袖蔡雄，是共青团温州支部书记，后转中共党员，出任校学生自治会和温州学生联合会负责人，省方军阀对之十分忌恶，密令地方当局注意。先生从当时瓯海道尹张宗祥（曾任教育厅长，解放后任省图书馆馆长，颇信任先生）处获得暗示，便设法力加保护。此事鲜为外人所知，而与蔡雄共同主持过学联工作的陈琢如、苏中常则知其详。蔡雄于温州“四·一二”反革命政变后被害牺牲，其时先生已离开十中。

尤值得一提的是，先生对金家济的殷切期望。这位学子思想进步，学习刻苦，成绩优异，勤劳俭朴，勇敢刚毅，是校内新文学运动的活跃分子，进步文艺团体“血波社”的中坚，得到谢文锦的赏识，因而先生对其识见和才干格外垂青，特地为其取字“贯真”，即贯彻真理之意。他领会先生雅意，此后便以字行，原名“金家济”倒渐渐被人遗忘。其后，金贯真被举拔为中共温州特支书记，中央巡视员，浙南特委书记、红十三军政委，牺牲于国民党的魔掌。这位曾被周恩来誉为“浙江的金龙”的金贯真烈士的英名永远与先生联在一起。先生树人育人的深情厚谊，在青年学子的身上留下美好而深远的影响，于此可见一斑。

支持革命乃先生一以贯之的立场。他再度出长温中，已是解放战争初期。温中校园充满民主空气，革命的、进步的力量日益壮大。地下党组织为配合全国的解放战争和江南的游击战争，对国民党反动当局开展了各种形式的斗争。

一九四七年五月二十日，沪杭学生反内战、反饥饿、反迫害请愿示威大游行，反动军警打伤百余名学生，制造血案。中共浙南特委派曾任永嘉（温州）学联主席的安邦同志进城，组织指导“三反”运动。三十日下午，学联在温中图书馆召集市区九所中学四十余名代表开会。先生到会发表了同情学生运动的讲话，有力地支持了这场斗争。六月一日至三日，市区各中学罢课，数千名师生冲破阻力，汇集公共体育场，开会发言，纷纷谴责反动派的种种罪行，会后游行，取得运动的胜利。

一九四八年五月，温中、永中、瓯中三校学生出了纪念“五卅”联合画刊，揭露了国民党假民主、真独裁、鱼肉人民的罪行，震动全市。反动的师管区慑于学生的联合力量，不敢贸然公开出面镇压，却密令学校“严究共党分子”的活动。先生出于对革命学生的关怀和爱护，一面向当局虚与委蛇，敷衍掩饰，一面暗中约见学生吴崇源，并出示密令，嘱诫同学们今后活动要多加注意，劝其隐蔽，保护了校内地下党组织的革命活动。在先生的追悼会上，陈时敏特送来挽联：“虎口得余生，长念恩师功德；凤山成初犊，难忘儒雅音容。”此外如胡识因等遭受迫害时，先生也总是挺身保护和营救。

不避险阻肩重任　甘毁家产偿校债

在军阀割据、政局动荡的年代，办学是件非常艰难困苦的事业。一九二四年八月，先生受教育厅长张宗祥的加委、乡里学子的推戴，不避险阻，毅然出任浙江省立第十中学校校长之职。

到职不久，便遇一九二四年十月第二次直奉战争爆发。直系头子吴佩孚兵败，流窜两湖，孙传芳乘机控制东南五省。系内军阀的火拼，持续不断。混战给教育带来的直接影响，就是教育经费开始拖欠，没有着落。

但办学不能无经费。举凡教员职工之薪修，教学费用之开销，校舍设施之维修，图书仪器之购置，在在需要款项。拖欠日久，先生只得亲自向当地银行钱庄告贷，多方筹措。但商人对动荡的政局不放心，对官厅的借贷不信任，告贷经常落空。迫不得已，先生又只得以私人名义商借，济助教职员工解枵腹之忧，并按期清偿来往店铺之小额赊欠，恪守信用。但自此以后，在先生私人名下的借款数字便越积越多，债台高筑，竟逾万元以上。

而局势却也愈来愈坏。孙传芳部属周荫人率数千人，忽而由福建过来，驻扎永嘉城内。由于军无纪律，店铺居民纷纷趋避。十中师生也都闻风惊散，独遗一班客籍教员缺少川资，不能归家。先生眷念怜爱他们的身家性命，独挑责任，将所储附小校舍建筑费二千元暂予移充分发。同时紧急发动职工将善本图书暨珍贵仪器及时分散移置邻近民房。果然，军阀队伍要占住十中，先生避不接见，遂擅入校舍，纵取杂物，毁损图书，充当薪火。幸先生有先见之明，未雨绸缪，预为防备，才避免兵燹人祸之更大损失。

到了一九二六年十一月，北伐军于取得东征胜利后，迅速完成了对孙传芳在江西主力的包围。此时，周荫人已自永嘉北上杭州，与孟昭月互争地盘而去，浙江省长却突然宣布独立。至一九二七年三月，北伐军攻占杭州，而新省府尚未成立，各省立中学迟迟不能开课。于是，十中全体学生合议，请先生再出主持。此又是既需经费，更要承担办学政治责任的艰辛事。

先生出于对教育的热心和忠贞，“既激于彼辈求学之至诚，又感桑梓教育，不宜任其停滞，乃毅然允之”。短短三四年间，为使十中在兵荒马乱中弦歌不辍，先生不知化费了多大的精力。而此次主持校政，开学复课，又忙碌了一个多月。当新省府成立，先生应邀任省教厅视学去杭；而这些年以私人名义积欠的十中校债，并未因其离任而了结。继任者也还是一再借贷，累本积息，债台越筑越高。

大约到一九三〇年秋前后，浙江省府的教育经费，尚无固定来源。一会儿是“统捐被裁，其所带征之教费，候营业税开办照划”，一会儿又是“官卖地价百分之二十充教费”。地方教育经费同样十分短缺，永嘉县（即包括现在的市区、瓯海县、永嘉县范围）一九二九年度仅五千九百元。这样，积欠清偿不了，新欠又逐月增加。全省大中小学纷纷告急，风潮迭起。沪报详加报导，如:“省府无力负担浙大经费”“浙省停办各特种教育机关”“绍兴省立五中宣布将不与教厅合作”“浙江省立教育机关人员及教职员以秋风已起，衣食维艰，特组织索薪团”“各省立中学招待新闻界报告欠费实情”“教职员将罢教，教厅长呈请辞职”。在频繁的讯息中，一九三〇年十月八日《申报》上，出现了“浙江省第十中学推派代表金荣仙等赴省坐索欠款”的新闻。先生此时不担任十中校长，但索欠还得推其为代表。这是因为:一、十中所负债款都记在先生名下;二、先生历年曾不断呈省设法清算，皆置而不理；三、各省立中学集体索欠，皆以十中为中心，促先生牵个头。先生身任教厅科长，经与各县教育局长商议清偿教费亏欠途径与办法，一致认为要发行教育公债借款。于是，先生向新任教育厅长张道藩具体建议，由厅方向省府提案，以公债票代偿。省府虽然准许照办，然仅草草发给半数罢了，不足的差额还很大。睹此窘境，先生不改兴学初衷，为家乡教育负责到底，在再无他途可循情况下，毫不吝惜地变卖自家田产，补偿十中的一应债务。至此，才算粗了历年的积欠。这种一心为教育、毁家纾难、公而忘私的行为，舍先生外，士林中能有几人做到？

各方敦促驰函电　受命危难再长校

作为教育家，先生饱经种种办学的艰辛，却依然一本初志，服务教育，许身孺子。抗战前后，他北上镇江，南下福建；再落脚平阳、永嘉、瑞安，为桑梓教育再洒汗水。其中最令人难忘的，要算是一九四六年秋的二度出长温中，任重道艰，再次表现出他的办学毅力。

一九四六年的温州，山雨欲来风满楼，内战已近全面爆发，学生运动格外活跃，斗争一浪接一浪，温中校园很不平静。

先是，温中校长朱一青制造反苏反共舆论，阴谋策划反苏大游行。中共浙南地下党指示要设法加以利用，把斗争矛头指向美帝国主义，把它改变为反侵略示威大游行，斗争取得胜利。接着，又有以痛打汉奸王永山、反对包庇汉奸的专员张宝琛为目标的肃奸运动，这些斗争的规模、声势相当浩大。五六月间，校内又爆发了公费生罢考事件。大家一齐奋起，把斗争目标集中到轰走朱一青。朱在温中校长八年任内，不得人心，公费生罢考使他感到已失去校长的控制力，不能继续当下去，便设法活动当选为杭州市参议员。依照那时法令，参议员不得兼任公立学校校长，他于是堂而皇之提出辞职，在报纸上登出辞行启事，回杭州去了。

问题产生了：谁来长校？暑假期间，省教厅一连委任了三四位接任者，但大家都不愿接手。因为在那个环境，当校长要负政治、经济、人事、教育多方面的责任，而办学条件却非常困难；办好的可能性很小，难办的现实却明显而严酷地摆着。远的如省联高校长崔东伯因学生参加爱国游行被免职；近的有温师校长陈仲武因学生无力缴学米闹风潮，经费支绌，处境困难；而温中本身朱一青留下的许多难题也未获妥善处理。因此，朱一青离任后，温中校长一职便虚悬在那里。

这时的温中，正好像一个迷途的旅行者，彷徨失措。留校学生、校友会眼见开学期近，一再电请省厅因地择贤，坚聘先生出任；省厅顺从群情，来电加委。时先生任瑞安县立中学校长，一样为桑梓教育服务，并无思想准备，故辞不受命。八月十三日，留校学生派出代表访问先生，面致欢迎之意。同时投函温州三家大报，“绝对要求”“热烈欢迎”先生长校，并吁请地方父老给予援助。温州专科以上学生联谊会特派代表前往瑞安促驾。乡里知名学者夏鼐、王季思、沈炼之等均盼望先生出任。永嘉县参议会打电报给先生,请其出长。专员余森文暨各县县长也联名专函劝驾,深庆得人。在众口一词的坚请声中,《浙瓯日报》发表社论,情词恳切,对这位“忠厚长者、老教育家、老校长”一贯的“勇于负责,富于事业心”表示钦佩;对校长不容易当充分理解;而对于“迷途者”来说,唯一的援助就是要“借重识途的老马”。因此,报纸呼吁,希望“爱护温中者,皆应帮助金先生;他掌舵,大家做水手,同舟共济,渡过难关”。

社会舆论的坚决、诚挚,使先生许身孺子的初衷又勃勃萌动。他感到温中不能如期开学,将影响全市二千多在校生的学业和三千多考生的升学,毅然决然,无私无畏,克服人员星散、经费短绌等重重困难,胸有成竹,作好必要的打算和准备。因此,当八月二十二日的报纸还郑重其事地刊出《温中公告》“开学及补考恐难如期进行,希各生暂缓来校”的时候,先生在瑞安见报,立即于二十四日动身来到温州。二十六日清早,这位德高望重、年已花甲、精神矍铄的老校长,一边于报纸刊登启事,一边已带领一班著名学者来到温中,再度出主校政,备受留校师生的热情欢迎。他以干练的办事作风,在不到一周时间内,高效率地完成了繁重的招生考试任务。前任遗留布满校园的荆棘一一剪除,使这所浙南的著名学府快速上轨,重放育人光彩。一些已接受大学聘书的学者,又相继聚集在先生周围,共同为莘莘学子许身操心。当时的阵容是:陈铎民任教导主任,王季思任训育主任（后因事未到任），沈炼之、董朴垞等也都专任教席。

温中又以往昔大革命时代作育革命志士之英姿，出现在浙南大地上。而这先后相映生辉的校史，都倾注进先生的一片丹心。

延聘名师严课徒　培养勤学好校风

一九四九年五月，温州解放了。深得群众敬重爱戴的老校长，受党和政府的信任和重托，三度蝉联任温中校长。如果说先生早岁东瀛归来矢志教育的宏愿往往因政局、人事、财力等困扰而未能顺心偿遂的话，那末，在神州大地丽日普照的新境遇里，夙愿变成了现实。旧社会校长难当的负担卸下了，先生精神振奋，容光焕发，以百倍的热情学习和贯彻党的教育方针。温中满园春色，桃李葱茏，校务蒸蒸日上。

在每天的校园生活里，时时处处可以看到老校长的身影：清晨，在喧闹的操场上；白天，在宁静的课堂和活跃的课外活动场地里；晚上，在静谧的自修室里。厨房和宿舍，图书馆和实验室，到处有他的踪迹。深入实际，深入群众，使他掌握了办学的主动权。对体育和卫生，他更是切实倡导，身体力行。即使到了晚年，仍坚持练气功、洗冷水澡、打太极拳，不随地吐痰，给师生们留下深刻难忘的印象。正是对全面发展深有体会的老校长，才能轻车熟路，把千头万绪的校园生活组织得井然有序，节奏和谐，忙碌而愉快，充满着团结、紧张、严肃、活泼的勃勃朝气。

先生办学，特别重视师资质量。三任温中校长期间，应他之聘来任教者大多是学有专长的名师。以中、英、算三门主要学科为例，在先生任内当过语文教师的有朱自清、夏承焘、杜天縻（后任暨南大学教授）、魏肇基（后任浙江大学教授）、李孟楚（后任安徽大学教授）、谢玉岑（著名词人、书法金石家，江南名士钱名山之婿、著名画家谢稚柳之兄）、伍叔傥（后任中央大学中文系主任）、朱芳圃（著名甲骨文字学家）、管雄（现任南京大学中文系教授）、吴天五（著名学者）和马骅（诗人，后任杭州大学中文系写作教研组组长）等；当过英语教师的有著名书画家马公愚、五四时代的著名诗人刘延陵、著名考古学家夏鼐、沈炼之（留学法国、现任杭州大学历史系教授）、樊祖鼎（留学法国，现任兰州大学外语系教授）和徐朔方（现任杭州大学中文系教授）等；当过数学教师的有陈叔平（具有丰富的教学经验，苏步青、李锐夫、方德植、徐桂芳、白正国和谷超豪等温籍著名数学家，都曾是他的学生）、杨霁朝（留学日本）、陈仲武、陈修仁（留学日本）、臧渭英和姜渭民等。除陈叔平、杨霁朝两位老师早已逝世外，其他几位数学老师建国后不久全部都被调到大专学校任教。先生自己在日本留过学，并干过工作，因此具有真才实学的留日学生受聘来温中任教者也不少，除上面已提到的杨霁朝和陈修仁两位老师外，还有洪特民、谢循贯、金宸枢、王亦文、董锡麟、朱介夫和陈湜等多人。

不仅如此，先生还更致力于勤奋好学的优良学风的培养。他除了经常教育学生遵守学习纪律，勉励他们刻苦学习，自己深入课堂、自修室进行督促检查外，还结合课内，提倡开展各项课外活动，如举办学术讲座，每逢温籍著名学者、专家、教授如苏步青、夏鼐、夏承焘、周予同和王季思等校友返里时，便礼聘他们来母校作学术报告，受到同学们的热烈欢迎，同时举办壁报比赛、作文比赛和演讲比赛，等等，这对于扩大学生的知识视野、活跃校内的学习气氛和发展优良的学风方面，起了很好的推动作用。

校长识名师，名师出高徒，在先生治校期间，温中确实出了不少学术造诣湛深，在海内外享有盛誉的英才。文史方面如夏鼐、王季思、苏渊雷、朱维之、吴景荣、赵超构、管雄、王栻和孙正容等，理工医方面如数学家李锐夫、方德植，物理学家林松涛，药物学家孙存济，医学家吴襄和地质学家南延宗等，都是金老校长的及门弟子。就是今天台湾政界的知名人物如“立法院”院长倪文亚，“总统府”国策顾问萧铮、马星野，驻新加坡“商务代表”胡昕，前“行政院”国家科学委员会主任委员徐贤修，前“教育部”部长胡颂平，前“土地银行”行长洪瑞坚（已故），前“国防部”联合作战委员会委员叶会西（即叶永蓁，曾著有自传性长篇小说《小小十年》，已故）和曾任驻澳洲公使、驻伊朗大使的郑亦同（已故）以及曾为第二次国共合作作出过贡献的已故国民党中央执行委员、组织部副部长张淮南都曾列金老校长门墙。

建国后，嵘老门下涌现的人才，那更是群星灿烂，不可胜数。我们温州素有“数学家之乡”的美称，自姜立夫、苏步青、李锐夫、方德植、项黼宸、徐桂芳、白正国一直到杨忠道、谷超豪和张鸣镛等老一辈温籍著名数学家，不是嵘老的学生，就是与嵘老交情在师友之间的后辈。继此而崛起的温籍数学名家如陆善镇（美国圣路易大学教授、美国《数学评论》特约评论员）、王兴华（杭州大学数学系教授）、周顺兴（北京计算数学学会理事、联邦德国 Zentralblatt fur Mathematik 杂志特约评论员）、干丹岩（西北大学数学系教授，他所著《多级火箭的数学理论》等论文，曾获一九七八年全国科学大会“重大贡献奖”）和陈光迪（南京大学数学系）等也都是嵘老的门生。除数学科外，在自然科学和工科技术方面，如在奥地利维也纳工业大学获得科技博士学位的殷为宏、全国船舶研究中心工程师葛纬桢（曾应加拿大友谊大学之聘前往研究和讲学）、煤炭科学研究院工程师郑重远（其研究成果获全国科学大会奖，曾出席国际学术会议）、煤炭科学院上海研究所工程师项志荣（设计矿灯多种，为我国填补空白，获国家质量银质奖、全国科学大会奖）、中国科学院物理研究所副研究员郑少白（对我国可控热核反应的研究作出重要贡献，曾出席国际学术会议）、中国科学院广州电子研究所副研究员倪尔瑚（一九七九年曾以访问学者身份去德意志联邦共和国物理技术研究所工作）、江西省科学院生物研究所副所长张本（曾翻译外文专著一百二十万字，由他改革成功的敌敌畏农药直接合成工艺路线是我国七十年代农药生产重要革新项目之一）、地质学家陈武（南京大学地质系教授）、气象天文学家高国栋（南京大学教授）、皮肤科医学家王铸军（曾受聘英国牛津大学皮肤科任研究员兼主治医师，现任台湾“荣民总医院”皮肤科主任，兼任“国立阳明医学院”皮肤科教授及“国防医学院”临床教授）、眼科医学家王光霁（曾在美国波士顿眼科医院任研究员）等。在文学艺术方面，如《半月谈》主编叶佐标、《解放日报》副总编周瑞金、作家戈悟觉（曾列名《世界名人录》）、《语文研究》主编温端政、曾任新华社驻美国纽约记者的练性乾、在周总理生前莅沪时曾随从采访的《解放日报》记者高肖笑、版画家赵瑞椿（《现代版画》主编、广州画院秘书长）、上海歌舞团首席指挥樊承武、中央民族乐团歌唱家姜嘉锵（在第六届世界联欢节上获金质奖，曾获文化部声乐演员一等奖、“华声杯”奖）等；在体育方面，如新中国第一代体操国手郑馥荪（现任北京女子体操队总教练，北京市体协副主席）、周芷湘等，他们都是建国后嵘老的门墙桃李，如今都是在祖国的四化建设和两个文明建设的各条战线上的骨干力量。

温州地方父老一直口碑相传“温中出才子”，从上述的这些事实说明温中所以不断出才子，绝非偶然，而是金嵘轩先生三长温中、苦心治校的结果。当然其他一些担任过温中校长的前辈如刘绍宽（曾两长温中）、洪彦远、朱章宝和邵聪等，他们既有才学，又都热心教育事业，在对温中的发展和人才的培养方面，也是有其不可磨灭的功绩的。但无可否认，金老校长在这方面却起了更重要、更突出的作用。

从五十年代中期起，先生被推为温州市副市长，掌管全市文教卫生工作，同时还先后担任省、市政协和省、市民盟的领导工作。任务虽重，但都能认真学习和执行党的方针政策，深入实际，联系群众，平易近人，从不摆官架子，不搞特殊，廉洁奉公，谦虚谨慎，是一个名副其实的人民公仆，深受群众的尊敬。

先生三长温中，先后历时廿五年，是历任温中校长中任期最长、贡献最多、影响最大的一位老校长。今天我们纪念他，首先就会想起他对温中所作的卓越贡献。好好总结并学习嵘轩先生三长温中的宝贵经验，继承并发扬他热心教育的崇高精神和优良的思想作风，把历史悠久、人才辈出的温中办得更好，使它能涌现更多的四化建设人才，这就是我们对嵘轩先生最好的纪念。

一九八七年五月三十日于温州

本文选自《瓣香集》，温州市金嵘轩先生诞辰百周年纪念筹备委员会一九八七年刊行。

林垟金氏：振铎百年遗泽传

施菲菲

林垟位于飞云江的南岸，是平阳万全平原上的商业、文化、金融、交通中心。据林垟村史记载，三国时，万全平原一带是飞云江口的一爿滩涂。东吴孙权为战事，在这里设置横屿船屯，制造各种兵船，滩涂成为东吴制造战船和操练水兵的基地。海滩上停泊着许多的船只，人们就称这里为“万船洋”。因为谐音，后来又演变为“万全垟”。

南宋乾道二年（1166）发生海啸以后，有林姓人家迁移到这里居住，以姓命名地名，以后，人们就称此处为“林垟”。

躬身教育，赢得生前身后名

坐船是林垟人最普遍的出行方式，据说，“坐船看书”曾经是林垟水乡的一道别样的景致，这里书风蔚然。林垟不仅是鱼米之乡，还是名人辈出的文化古镇。

著名教育家、曾经三长温州中学（民国时称为浙江省立第十中学）的金嵘轩先生是被家乡老少传颂的先贤，林垟父老乡亲把金嵘轩视为家乡的金名片。

在林垟林中村的中龙桥边有一座嵘轩园，园中还有嵘轩亭，亭内柱子上红底金字的楹联，镌刻了众多名家对金嵘轩先生生平事迹的赞美之句。

与嵘轩园隔河相望的是林垟文化礼堂，里面也陈列着金嵘轩和他的几位名扬四海的子孙们的事迹。在林垟中学，还有金嵘轩的大理石雕像和纪念碑。褐黑色的碑底，让人们远远就能分明地看到“金嵘轩生平简介”几个金字。

金嵘轩（1887—1967），原名桐熙，又名金嵘，号嵘轩。祖上系林垟书香门第，历代诗礼传家。房族中自设塾馆，族中长者为师，小童三岁即入馆发蒙，十二三岁便可乡试秀才。

到金嵘轩的父亲金光藻时，家境已中落。幼年，金嵘轩的父母双亡，他与弟弟被寄养在宗亲家中。五岁时，金嵘轩回到林垟老家读私塾，得到乡里名儒金晦（1849—1913）的栽培。金晦先生是讲求经国济民之学的“布衣党”，与瑞安黄绍箕、孙诒燕同中生员，故有“瑞庠三君”之誉。他深究佛老，对满清封建统治及地方土豪劣绅深恶痛绝。金嵘轩曾说：在我幼小的心胸中也种下了对佛老的爱好和对现状的不满。一九〇六年，金嵘轩为寻求经国济民之良方，在金晦的鼓励下，东渡日本求学。先进普通中学，在东京东亚日语预备学校、弘文书院读书。

一九一一年十一月至一九一三年九月因病休学。在家乡林垟自学功课期间，先生心系民生，利用空余时间，在家乡举办公益事业，如兴修水利、修建小学、宣传禁毒等公益活动。一九一三年又东渡日本，继续学业。一九一四年三月考入东京高等师范学院深造。

高师毕业后，留在日本担任浙江省留学生经理员。这段时间，结识了章太炎、陶成章等著名革命党人，深受民主革命思想影响，还创办“知行社”。

在日本求学，金嵘轩耳闻目睹日本统治者藐视中华民族，并称中国人为“东亚病夫”，先生义愤填膺，他与几个留学生相约练习气功，健强体魄，并且常年冷水洗澡，以锻炼坚强的意志、健强的体魄。在后来回家乡，历任多所中学校长期间，为健强国人的体魄，先生费尽心思，对学生的体育、对学生的食膳事必躬亲，精心设计。

一九二一年金嵘轩回国，他决心以教育为途径，实现他救国济民的宏愿。在瑞安，继续办“知行社”，倡导“知行务实”，联络青年知识分子，施行普及教育，以“知行图救国”。

一九二四年秋，金嵘轩首任浙江省立第十中学（现为温州中学）校长。后人回忆的两则小故事，体现了金嵘轩作为校长，支持革命学生，热爱真理，正气轩昂的立场与态度。

大革命时期，十中校友，中共地下党谢文锦从莫斯科东方大学学成归国，他回到温州后，秘密发展地下党员，宣传马克思列宁主义，在温州进步青年中影响力不小。十中学生会骨干金家济（金贯真）与校长金嵘轩商议，要请谢文锦来十中演讲。金嵘轩不惧风险，毅然同意。讲座在十中礼堂举行，场内座无虚席，谢文锦激情四射的宣传，很有鼓动力，引发了众多学子对苏维埃革命政权的向往，对黑暗官僚制度的不满。

学生组织中的骨干分子金家济思想进步，学习刻苦，成绩优秀，而且勤俭刚毅，金嵘轩很欣赏他的才干，特地为他取名“贯真”，意在赞扬、鼓励他“贯彻真理”。金家济领会了校长对他所寄托的期望，以后便用“贯真”作字号。金贯真不久就加入中国共产党，在革命道路上日趋成熟，被推举为中共浙南特委书记，是浙南红十三军的创建人之一，周恩来称赞他为“浙江的金龙”。一九三〇年五月，金贯真被国民党杀害。

在政治动荡的年代，维持一座学校教学秩序非常艰难，尤其是教育经费，上面拨款没有落实，地方财政捉襟见肘。为发放教师工资，为添置教学设备，金嵘轩四处筹钱。在无果的情况下，他只得以私人名义向钱庄贷款，以解决无米之炊。在教育经费最艰难的时候，为维持十中正常教学秩序，金嵘轩竟变卖家产，将祖上遗留下来的二百亩良田卖掉，换来八千多银元作学校运行经费。

金嵘轩毁产兴学的义举，被温州老百姓啧啧称赞，在林垟的嵘轩亭中就有点赞的对联：奋铎济时，典型常在，首称立德；输财兴学，桃李不言，下自成蹊。

一九六七年，金嵘轩因病仙逝，临终执笔给子孙写下：公私物件要分明，正派家风要树立，国家财富要重视，家庭教育要严格，终身为祖国服务的五条遗训。

金嵘轩先生妻子名陈友琴，平阳人，也是名门出身，他们夫妇育有三子两女。儿子：志超、志庄、志纯；女儿：志晨、志昭（日本早稻田大学医学院毕业，著名眼科医生，九十三岁。现居住在美国圣地亚哥）。

勤学善思，名门家风学风传

金嵘轩的孙子金恒景曾说道："爷爷一直告诫下代：对政治少过问，言论要谨慎；对学业专业要努力刻苦，精益求精；做人要为仁为善。'广行善事，莫问前程'是我们金家的祖训。"

金氏子孙便是顺着先辈给他们划定的这条轨道，循循前行。

金志超——志超童年跟随父亲在日本度过，小学也是在日本上，后随父亲回国，在金嵘轩任校长的省立十中读书。因为刚回中国，中文基础差，父亲请当时在十中执教语文的朱自清先生为他补习中文。志超曾经写文章回忆恩师朱自清先生对他的关爱："我追随朱先生半年，慢慢地知道运用中国文字。我写出了第一篇用中国文字写成的散文，题为《孤人杂记》，朱先生看了，居然很欣赏，把它寄给了《时事新报》的'学灯'上发表，并为我取了'溟若'两字作为笔名。这是我的第一篇散文。后来又写了一篇《我来自东》，朱先生也要了去，刊在《我们的六月》上。”由于朱自清的提携，从此金志超开始在文坛上崭露头角。以后，金志超就一直用朱先生为他取的笔名，直至辞世。

中学毕业后，志超考上南通医专，因为割舍不了对文学的爱好，他弃医从文。一九二六年从上海大学文艺院中国文学系毕业，一九二八年与同乡戏剧家董每戡合办时代书局。

金志超在上海与鲁迅交往密切，单在鲁迅日记中就出现“金溟若”名字二十多次，在鲁迅给许广平的信中也有两次提到志超的书稿。志超将自己译稿《叛逆者》（日本有岛武郎作）带给鲁迅看时，鲁迅感到惊异。这部书稿经鲁迅修改后，在《奔流》杂志上发表。鲁迅对来自瑞安的这位精通日文又有良好文学功底的青年很器重，推荐他成为北新书局的签约作家。

一九四六年十月二十一日是鲁迅逝世十周年纪念日，志超在台湾《和平日报》副刊上发表题为《追念鲁迅》的文章。

抗战时，金志超离开上海到丽水、金华、温州等地教书。一九四五年抗战胜利，金志超受当时的台湾基隆市长石延汉邀请赴台湾担任接收员。后在台湾台北大学文学院及诸多中学教书，出版过《残烬集》等十几本著作和译作。一九七〇年，金志超在台湾病逝，终年六十六岁。

金志超与妻子姚咏萼（是姚养吾的女儿，姚平子的妹妹，也擅长文章）育有四子两女。儿子：恒杰、恒镳、恒炜、恒敏；

女儿：式兰、式英。

金志庄——志庄六岁在林垟勤业小学堂读书，八岁随父母到日本，在成田小学读书，十岁回国，先后在温师附小、省立十中就读。十八岁再次随父亲赴日本，学习英、日两门外语，一九三〇年考入日本东京高等学校特设预科。一九三一年，以总分第二名的成绩被日本鹿儿岛第七高等理科学校录取，获得官费留学资格。在该校学习的四年中，由于品学兼优，每年都获得最高等级的奖学金，以这笔资金作为自己的生活费用，金志庄都无须父母供养学费。一九三四年，从鹿儿岛第七高等理科学校毕业，又以第四名的优秀成绩考入当时著名的九州帝国大学医学部，仍然因为品学兼优享受帝国大学特等奖学金。据说，其金额可供三至五人在东京的生活费用。其间，志庄的父母、家族里的堂兄堂弟曾多次赴日和他共同生活。在日本的国人笑称：没见过小孩靠读书养活家人。此事被当时在日华人传为美谈。

一九三七年抗战爆发，金志庄毅然弃学回国，随身带回在日本读书时所获得的十七份优秀学生的奖状。

“家父智商超人，又勤奋刻苦。高中期间学会日、英和拉丁语，大学期间又选修法、德和西班牙语。解放后还自学俄语。加上中文，所以，他通晓八国语言。”金恒景说起父亲的学业和医术神采飞扬，“父亲从日本回乡后即筹办万全医院，手头只有约二百余元从日本节省带回的奖学金，权作启动资金。开张首日，北村一老人感冒发烧咳嗽求医。家父给开了三天的西药，老人只一天吃了三次就全好了。见效如此快，比起过去用的中药真有天壤之别。自此家父名声被乡间老百姓口口相传，病号也日渐增加，日诊一般有四五十人。且地域也渐广，除周边农村，飞云江北岸、鳌江南岸患者也纷至沓来。他医术精湛，仅凭一副听诊器，一支温度计和一双手便能诊断各种疑难杂症。其精准度使众多大城市大医院的大医生们叹为观止。”

当时浙江农村医疗卫生相当落后，霍乱病流行，死人无数。金志庄发明用锅炉蒸馏水、高压消毒锅创制生理盐水，以大剂量的输液方法来抢救霍乱病人，让许多垂危的患者回生，他的医术在瑞安、平阳一带名声大振。第二年金志庄被聘为平阳医院北港分院院长，一九四一年至一九四二年任永嘉济时中学校医兼理化教师，一九四四年任平阳医院院长。抗战胜利，为完成在日本尚未修完的全部医学专业课程，一九四六年秋，金志庄赴台湾就读台北大学医学院，花一年时间补齐大学医学全部专业课程后，又回到林垟老家的万全医院坐诊，并且兼任郑楼的温州师范学校校医及生物、理化教师。

中华人民共和国成立后，金志庄带头放弃私人诊所的丰厚收入，与家乡医务人员组建联合诊所，为规范林垟的卫生事业作出贡献，被瑞安人民政府选为工商联主任。一九五一年被聘为温州卫生学校教导主任，一九五五年调到金华卫生学校工作，一九五八年回到林垟行医。他以渊博的学识和丰富临床经验治好许多被大城市大医院判为“不治之症”的患者，许多外地外省的病人闻其名声，赶到林垟求其治疗疾病，金志庄精湛的医术被乡亲津津乐道了半个多世纪。金志庄因为医德高尚，在乡间口碑很好，一九七六年他病逝时，自发来送葬的乡民队伍长达一公里。

前日本首相田中角荣是金志庄在日本鹿儿岛高等学校留学时的同班同学，因为同属优等生，两人惺惺相惜，一九七六年田中角荣来中国访问，提出要与金志庄这位老同学会面，可惜此时金志庄因患肠癌已于一个月前离世。

金志庄与妻子陈生香育有五子二女。儿子：恒昀、恒亮、恒景、恒哲、恒郁；女儿：式芝、式玲。

金志纯——志纯也学医，但他与哥哥志庄不同，擅长外科，他是中共党员，温州医学院教授，参加过抗美援朝。

一九三六年，金志纯去日本九州医专求学，抗日战争爆发，金志纯无法继续学业而回国。一九四四年从福建医学院本科毕业后，在平阳卫生院当医师，还任温州师范学校校医。一九四八年任福建医学院附属医院外科医生，一九四八年八月受温州一医之聘任外科医生。抗美援朝时，先在绍兴第二疗养院为伤病员作医疗服务，荣立四等功，后出国去朝鲜担任第八国际医疗队队长，获国际三等功。回国后，任温州一医外科副主任。一九六〇年，任温州一医外科主任兼温州医学院外科教研组副主任、讲师，同年去河北医学院附属医院进修心外科。

一九七三年任温州医学院革委会副主任，一九七八年退休。

金志纯从事医疗工作四十多年，擅长外科专业，有丰富的临床经验，具备解决外科复杂疑难病症的能力，在外科手术上有多项创新。如一九五八年，成功救活了烧伤面积达百分之八十五的工人王新荣。王新荣的康复，在当时医疗界影响力很大。一九六三年率先在温州实施心脏二尖瓣膜分离、心包剥离和动脉导管末闭等高难度手术，均获得成功。打破以往肝脏正规切除肝叶的老规矩，自主创造了肝不规则切除手术。在一九七〇年前后，金志纯创造了全胃切除，空肠双管代胃、空肠套盖治疗十二指肠残端瘘、胆瘘等新外科手术。其中全胃切除，空肠双管吻合代胃手术获科技成果三等奖。

金志纯外科医疗技术高明，胆大心细，认真负责，从未出过医疗事故，对病人关心，医德仁心，深获病人好评。他精心培养各县、市的中、初级外科技术人才，为温州医疗事业发展尽心尽职，多次被评为地、市级先进工作者。

金志纯精心钻研医疗知识，撰写多篇医疗科研论文，发表在《浙江医学》《温医学报》《温州医药》杂志上，他还是温州政协委员、中华医学会浙江温州分会理事。

金志纯与妻子吴德秀育有四子二女。儿子：恒淙、恒冲、恒洸、恒明；女儿：式青、式华。

不忘祖训，美名海内海外扬

金嵘轩父子的好人品，酝酿出金氏的好家风。金志纯在“金嵘轩诞辰一百周年纪念会”上曾经饱含深情地说：先父一生尽瘁教育，可谓正直无私，丹心一片。我们从他身上看到的是“为公”两个字，而他留给我们的宝贵遗产也是“为公”两个字。

书香门第，书风代代传承。金家后人才俊满门，个个业绩辉煌。人生旅途中，他们不坠青云之志，始终牢记“为人民服务”“广行善事”的遗训，兢兢业业地工作，情牵故里，情系祖国。

金恒镳一九四二年出生于温州，七岁时随父亲金志超迁居台湾，是中国台湾知名的森林学家、作家、翻译家。在台湾大学森林学系取得学士学位，在加拿大取得硕士和博士学位，学术专长是森林土壤学和森林生态学。

一九八〇年，金恒镳从加拿大回到台湾，在林业试验所（现属“行政院”农业委员会）做副研究员，后升任研究员，曾兼技正、分所长、系主任等行政职务，二〇〇三年接任“行政院”农业委员会林业试验所所长，二〇〇七年满六十五岁届龄退休。

金恒镳在潜心研究专业领域之余，一直不忘提笔撰写科普文章，以期“用浅近的文字推广生态观念，引起社会的普遍关切”。著有《山中的一个钟头》《让地球活下去》等五本著作，并有《马来群岛自然考察记》《缤纷的生命》等二十本译作。

一九九七年，民盟温州市委会和市教委联合举办金嵘轩诞辰百十周年纪念大会，金恒镳才有机会回到故乡和亲戚们见面。之后，他每隔一两年就回来家乡省亲。

二〇〇四年九月九日，应中科院植物所所长韩兴国的邀请，国际长期生态研究网络委员会主席金恒镳教授访问了该所。在中科院植物所，金恒镳教授以“扰动生态学”为题，围绕台风对台湾生态与环境的影响作了精彩的学术报告。学术报告反响热烈，与会者提出了各自感兴趣的问题与金恒镳教授进行了交流。

二〇一一年，温州市工业科学研究院找到金老，希望他能出任顾问并在温州开展科研项目。对家乡的邀请，金恒镳欣然应诺，他带着他的科研团队来温考察，帮助建设浙南一台湾生物与生态工程研究中心，并寻找实验基地开展国际先进自然生态大样地研究。经过走访调查，他们最终选择在泰顺县乌岩岭，按照全国统一技术标准建设九公顷森林动态样地，开展“森林动态学”研究。此项目由浙江大学生命科学学院、浙南一台湾生物与生态工程研究中心、泰顺乌岩岭保护区管理局三家单位联合，建设中国乌岩岭生物多样性研究基地，长期研究亚热带常绿阔叶林等森林类型的物种多样性。

金恒昀是金志庄长子，一九三五年在林垟出生。一九五八年清华大学毕业后，分配在中国科学院金属研究所工作，专门从事焊接研究工作。一九八四年调到劳动部锅炉压力容器研究所任主任、副总工程师和研究员，是中国机械工程学会高级会员、美国焊接学会会员和劳动部高级技术职称评审委员会委员。金恒昀多次作为访问学者出访联邦德国、加拿大等国，一九九二年曾到加拿大多伦多大学讲学。三十多年来，完成十多项科研项目，其中，《耐磨1号快速堆焊焊条及其应用的研究》获一九六四年全国工业新产品二等奖；《炉卷轧机耐热钢筒补焊》荣获一九七六年全国科学大会奖；《水轮机耐磨蚀堆焊焊条》作为雅砻口开发前期科研项目的一部分，获一九八四年中国科学院一等奖。曾在国内外科学期刊及学术会议上发表论文二十多篇，并担任由机械工业出版社出版的《焊接手册》《焊接金相手册》两书的《堆焊》章的副主编与主编，其中《焊接金相图谱》获一九九〇年全国优秀科技图书二等奖。

金恒昀是国内金属焊接技术领域的权威人物，一九九二年获国务院颁发的政府特殊津贴及证书。

金恒杰是志超的儿子。台湾大学中文系毕业后，获法国政府的奖学金，赴法国巴黎大学攻读博士学位，后担任巴黎大学中国文学系教授。一九七九年、一九八四年、一九九〇年三次受巴黎大学委派赴祖国作“中国文学”有关课题的考察、调研工作。退休后，受聘任台湾大学法文系教授。著有《巴黎的蛊惑》《法国当代文学论集：由英雄的人到人的泯灭》等。

金恒亮是金志庄的次子，据说，是金氏“恒”字辈中最聪明最勤奋的人。一九三七年出生，是我国有机化学制药方面的专家。一九五九年东北人民大学毕业，因为优秀，被抽调到北京大学任教，曾任北大制药厂负责人，研制出填补国内空白的多种药品，如当时作为止痛麻醉用的氯氨酮等有机合成产品。他的专业论文在海内外颇具影响，一九八六年应邀赴美作学术交流，后受聘美国加州、德州等大学任教。上世纪九十年代，在美国药企从事科研技术工作，由于成果卓著，企业多次挽留，直至二〇一六年七十九岁时才退休，现定居美国费城。

金恒亮的儿子金振浩，在美国费城经营律师事务所，专为中国人提供移民方面法律服务。由于他会说普通话，与华人沟通顺畅，现在当地已是小有名气的律师。

金志庄的儿子、年近八秩的金恒景先生现居杭州。七月五日，记者特地赴杭州采访他。他说：年少不更事，顽皮、淘气、不爱读书。初中毕业后，是爷爷让我赴大陈岛，加入青年垦荒队，参加劳动锻炼。在海岛种山田、牧羊、捕鱼。经过一年磨炼，我突然醒悟，开始发奋学习，考上温州中学……一九六二年，金恒景从温州师范学院毕业，曾在马屿中学、瑞安中学等处任教。在物理教学方面，金恒景颇有建树，是温州市首批被评为中学高级职称的教师。

金恒景正在写家史，题为《金家列传》。他在序言中写道："光阴荏苒，数十年来吾从孙子早已升格至爷爷、外公。纵观一生，亲眼目睹抗日、中华人民共和国成立、抗美援朝及中印、中苏、中越等战争，亲历土改、镇反、思想改造、反右、大跃进、三面红旗、文革等政治运动。一生经历可谓'丰富多彩'。

然家运已运多舛，历尽苦难屈辱，至中年才享‘拨乱反正’之福，搭上正常人生末班车，能安享晚年。比之祖辈父辈幸运多矣！家事国事天下事皆须事事关心，唯家事因其亲历只能亲为，无人代庖也。故痛下决心，在耄耋之年，开始构思动笔，假以时日水滴石穿终有成就一天。”

今年六月十六日，金恒镳和他的两个妹妹式兰、式英，还有在温州一医工作的堂弟恒洸，带着子孙到瑞安茶亭的金嵘轩坟前祭拜，还留影纪念。“现在我和亲戚聚在一起讨论最多的就是希望能为祖父建一座纪念馆。如果纪念馆建成，我们会将家族所有史料、书籍都贡献出来，这对瑞安来说也是一笔值得保存的文化遗产。”金教授在温时对记者如是坦言。

本文原载《温州人》二〇一八年第十三期。

金嵘轩先生毁产偿校债

董朴垞

金嵘轩先生，瑞安林垟人，少从宗叔遁斋晦游。科举废后，转入里中蒙学堂肄业。稍长，辄东渡，进日本普通小学，升东京高等师范。卒业回国，遂任教于本校，时邵君季达（聪）为校长，以先生桢幹，推充师范部主任。越三年，邵去，教育厅长张宗祥氏素闻其名，加委以本校校长职，此为民国十四年事也。正国中军阀专恣，浙省教费无落着，应供之款，往往延欠甚久，先生皆自向当地银行钱庄，万端筹措。但商人每不信任官厅，先生不获已以私人名义，贷款以应教职员薪修，及各店账之用焉。未几，北伐军将至，声势汹涌，驻温旧军郝国玺旅，既由邑绅吕渭英（文起）辈助赀遣拔去；而福建周氏荫人部队，凡数千人，复混混自福鼎，经瑞平，抵永嘉。顾军无纪律，居民大恐，窜避尽空，校中师生亦皆惊散，独外籍教员以无川资不能归，而先生苦一时无法商借，乃移挪所储附小校舍建筑费二千元分给之。周氏兵至，又欲借住本校，觅先生接洽，先生乃匿鲍川戴某家。兵士遂擅入校中次舍，纵取图书，毁折杂物，以当薪。幸所有善本书及仪器，早已移放邻屋内；不然，必遭一番大损失矣。省府未成立之先，学校迟迟开课，于是全体学生合议，请先生再出主持。先生既激于彼辈求学之至诚，又感桑梓教育，不宜任其停滞，乃毅然允之。为整理复课毕役，省厅教育科长朱兆萃氏，便电邀先生入科为视学，而委周迟明承其乏。逮清党事起，朱氏去，先生亦辞，赴上海，佐同乡周予同君编辑《教育杂志》于商务印书馆。翌年，省府改组，蒋梦麟氏长浙大，实行大学区制，仍聘先生为督学，后兼任自治学校教务长。其为本校所负各债，此时子母相权，竟达万余元。虽屡呈上峰设法清算，皆置而不理。张道藩氏继为厅长，先生改任科长，即由张氏向省府提案，以公债票代偿，从先生议也。同时各省立中学集团索款，群以本校为中心，省府始准。然仅草草发半数耳，不足者，先生乃变卖己产补偿之，如此，责任粗了。要之，先生热心教育，有功于本校，实匪浅鲜云。

本文原载《温中校刊》第十期，民国三十年（1941）浙江省立温州中学出版委员会编印。

缅怀与学习金嵘轩老校长

魏　忠

金嵘轩先生是浙南教育界的老前辈，是对温州教育工作做出很大贡献的教育家，也是我长时间跟随他一起工作受教育很多并很敬仰的长者。值兹金老诞辰一百周年之际，我谨致衷心的崇敬与缅怀之意。

早在解放前的一九四六年，国民党政府压制民主，加剧反动统治，温中学生风潮迭起，赶跑了反动校长朱一青。省教育厅慑于情势，派不出新校长来，学校处在无人主持的状态。当时温州知识界名教授夏瞿禅、沈炼之、王季思等温中老校友都在家乡，遂会同“温州专科以上学校学生联谊会”（简称“大联”）、“温州学生联合会”的负责人商议，决定敦请金嵘轩先生担任温州中学校长(金老当时在瑞安中学任校长)。那时我担任“大联”主席，夏、沈、王三位教授又都是教过我的老师，于是便约定专程赴瑞安（还有学联和温中代表）面请金老出任温中校长。金老见温州学界和社会上各方面如此热情敦请，为解救温中的危难，为恢复浙南最高学府的生机，慨然应诺，这是金老在这所古老的学校第二次担任校长的开始。

一九四九年温州解放后，学校的性质起了根本性的变化。在党的领导下，我参加当时的温州市军事管制委员会文教部工作，并分工搞市区中学的接管任务，摸清市区各中学教师和职工的政治、业务情况，向上级汇报，同时也和金老多次联系。八月二十六日，市军管会发布命令任命金嵘轩先生为解放后温州中学首任校长（这是金老第三次任温中校长的开始），并任命我为温州中学教务主任，协助金老开展工作。从此，我便在上级组织和金老的领导下搞学校行政兼教学工作，一直到一九五五年（金老上调温州市人民政府任副市长后到逝世前一直仍兼任温中校长），我几乎每日每时无不在金老身旁既做学生，又当助手。当时学校较长一段时间只有一名校长，一名教务主任，没有副职。金老是一位德高望重、学贯中外的老教育家，我是一名没有干过学校行政工作的年轻人，年龄只有二十八岁，几乎全然不懂，一切要遵照上级的指示和金老的教导、指点边学边干。

金老的一生是很受人尊敬的，他对教育事业的贡献是有口皆碑的。单就我在金老身边工作的十多年的时间，我受的教益是很深的，尤其在下面几方面是久久不能忘怀的。

解放后，金老接受中国共产党的领导是十分真诚的，学习与贯彻执行党的教育方针是十分坚决的。对学生的德智体全面发展有一个较为明确完整的指导思想，他在重视学生智育的同时，十分关切学生的道德风貌和体育健康的培养，从而逐步把一所古老的学府转变为新型的人民的学校。

金老办学公私关系特别讲求分清，不允许有半点含糊。他强调教育师生爱护国家和学校的公共财物，他决不挪用公家财物供个人使用，从严治校，廉洁奉公。

金老强调民主办学，从热爱学生出发，着重正面教育，言传身教，循循善诱，从而使温中光荣的革命传统，勤奋好学的优良校风得到进一步发扬。

金老的道德威望深受温州社会各界及他的众多同行后学的推崇。他聘请教师十分注重质量，而许多优秀教师也乐于在他的领导下任教，他能以诚相待，团结了一大批善于教书育人、学有专长的教师，这为办好温中创造了必要的条件。

让我们在纪念金嵘轩先生诞辰一百周年的今天，继续学习与发扬金老办学的好思想好作风，为深入教育体制改革、提高教育质量而贡献力量！

一九八七年八月二十二日

本文选自《瓣香集》，温州市金嵘轩先生诞辰百周年纪念筹备委员会一九八七年编印。

金嵘轩先生三长温州中学梗概

魏　忠

金嵘轩先生从一九二一年在日本高等师范学院毕业回来不久就在浙江省立第十中学任教，兼任省立第十师范学校教员，后来十师并入十中，先生任师范部主任。一九二四年八月升任校长至一九二七年三月；再任校长是一九四六年八月至温州解放；三任校长为建国后一九四九年至一九六七年。一九五五年他被选为温州市副市长，至一九六七年逝世前仍兼任校长，先后在省立温州中学工作近三十年，担任校长共二十五个年头。他是建校以来担任校长职务最长的一位，是温中进步发展关系最大的一位，也是作出贡献最大的一位。可以说温州中学、金嵘轩两个名字是连在一起的。也有学生说：金嵘轩先生是蔡元培式的教育家。

温州中学"光荣的革命传统，勤奋的优良学风"的形成与发展和金嵘轩先生三度长校是密切相关的，金先生在温中的历史功绩是巨大的，有口皆碑的，是十分值得我们后人怀念与敬仰的。

一、一九二四年秋，金先生首度出任省立温十中校长，其时国共初建合作，然而地方顽固势力仇恨革命，监视严密。十中早期校友，中共中央秘书谢文锦自莫斯科东方大学学成归国，以省亲名义到温州地区秘密发展党组织，宣传马列主义和十月革命。学生金家济得悉其事，同先生联系邀请谢文锦来校演讲。先生一身正义，热爱真理，毫不计较个人的安危得失，赤胆忠诚，毅然约请，十中大厅座无虚席，鸦雀无声。谢文锦生动有力的语言，引起了青年学生对人类第一个消灭了人剥削人、不合理制度的社会主义苏联的向往。以后，许多学生如陈琢如、苏中常（即苏渊雷）、蔡雄等便走上了革命的道路。

温州当时是直系后起军阀孙传芳割据的势力范围，政治混乱，社会黑暗，新旧思想冲突尖锐，顽固派气焰嚣张。面临如此险恶环境，先生坚持进步，毫无畏惧，暗中同情支持师生的地下革命活动，校内进步团体如“血波社”“宏文社”，进步刊物如《温州学生》等，大力宣传“与工农运动相结合”“打倒帝国主义和封建军阀”“为人民的利益而努力奋斗”等革命主张，并揭穿国民党右派的罪行。

尤其值得一提的是先生对金家济的殷切期望。这位学子思想进步、学习刻苦、成绩优异、勤劳俭朴、勇敢刚毅，是校内新文学运动的活跃分子，进步文艺团体“血波社”的中坚，得到谢文锦的赏识，因而先生对其识见和才干格外垂青，特地为其取字“贯真”，即贯彻真理之意。之后，金贯真被举拔为温州特支书记、中央巡视员、浙南特委书记、红十三军政委，牺牲于国民党魔掌。这位曾被周恩来誉为“浙江的金龙”的金贯真烈士的英名永远与先生联系在一起。

嵘轩先生在第一次校长任内，在温州教育史上写下了更为动人的篇章，那就是军阀混乱，福建督军周荫人部队过境，虽仅历时半个月，温州却陷入极度混乱，这些军阀部队把道司前十中和师范糟蹋得不成样子（我当时五六岁，随家逃离到楠溪岩头），幸亏金校长事先有所布置，主要图书、仪器均已隐蔽，免于损失。但地方政权一再变动，教育经费毫无着落，社会秩序极度混乱，要在这样困难条件下恢复上课，只有依靠借贷维持，而取得借贷的先决条件是田产抵押。为了温州教育不致中断，金校长毅然为常人所不能为，不顾个人得失，抵押家产借款维持学校。其后，省里对这批借款迟迟不能妥善解决，金校长卖掉自家田产（据说是二百亩田，卖价八千银元）以了学校债务。正是这一光辉行动赢得千千万万浙南人民的交口称赞，成为温州教育史上的佳话。

二、嵘轩先生第二次任温州中学校长是一九四六年秋。那时的温州山雨欲来风满楼，内战已全面爆发，学生运动格外活跃，斗争一浪接一浪，温中校园很不平静，原来的朱一青校长迫于形势，干不下去了，提出辞职。暑假期间，省教育厅一连委任几位接任者，大都不愿意干，因为在那样的环境中，办好学校的困难实在太多了。于是留校学生、校友会眼见开学期近，一再电请省厅就地择贤，坚请先生出任，省厅顺从群情，来电加委。时先生任瑞安中学校长，一样为桑梓教育服务，并无思想准备，故辞不受命。八月十三日，留校学生派出代表访问先生，面致欢迎之意。同时写信给温州三家大报，“绝对要求”“热烈欢迎”先生长校，并吁请地方父老予以协助。我当时担任“温州专科以上学生联谊会”（简称“大联”）的主席，我们几个“大联”的负责人，会同当时在温知名学者，都是温中的老校友，又是我们大学的老师夏承焘、沈炼之、王季思教授等就赴瑞安敦请。永嘉县参议会打电报给先生，请其出长。专员余森文暨各县县长也联名专函劝驾。在众口一词的坚请声中，《浙瓯日报》发表社论，情词恳切，对这位忠厚长者、老教育家、老校长“一贯的勇于负责，富于事业心”表示钦佩，社会舆论的坚决、诚挚，使先生许身孺子的初衷又勃勃萌动。他感到温中不能如期开学，将影响到二千多在校学生的学业和三千多学生的升学，毅然决然、无私无畏克服人员星散、经费短绌等重重困难，胸有成竹作好必要的打算与准备。因此，当八月二十二日报纸还郑重其事地刊出《温中公告》“开学及补考恐难如期进行，希各生暂缓来校”的时候，先生在瑞安见报，立即于二十四日动身来到温州。二十六日清早，这位德高望重、年已花甲、精神矍铄的老校长一边于报纸刊登启事，一边带领一班著名学者来到温中再度出主校政，备受留校师生的欢迎。他以干练的办事作风，在不到一周内，高效率地完成了繁重的招生考试任务。前任遗留布满校园的荆棘一一剪除，使这所浙南的著名学校快速上轨，重放育人光彩。一些已经接受大学聘书的学者，又相继聚集在先生的周围，共同为莘莘学子许身操心，当时沈炼之、夏承焘、董朴垞、陈铎民等诸先生也都专任教席。温中又以往昔大革命时代培育革命志士之英姿出现在浙南大地，而这先后相映生辉的校史，都倾注进先生的一片丹心。

三、嵘轩先生继续担任温州中学第三任校长是温州解放后的一九四九年八月二十六日，恰巧是他出长二任校长的一九四六年八月二十六日整整三年后，是温州军事管制委员会奉省令任命的，也是温州市城区所有中等学校校长获得继续连任的唯一一位，其余中学校长都调换了。由于嵘轩先生在浙南教育迭次出现危机的关键时刻毅然肩任艰巨，保持温州教育的连续性上做出极为可贵的贡献，同时，在解放前夕，在形势十分动荡的情况下，温中学生党支部在贯彻上级党关于城区工作形势的指示，通过进步教师和金嵘轩校长及一些有名望的教师接触，争取他们对护校斗争的同情与支持，使温中的校产、设备、图书、仪器、师资、学生等最大限度地、完整地投入了人民的怀抱，从而使学校的性质开始起了根本性变化。

我有幸在这个时候也被军管会任命为省立温州中学教务主任，协助金老开展工作，一直到一九五五年（金老上调温州市副市长后到一九六七年逝世前一直仍兼任温中校长）。我那时候几乎每日每时无不在金校长身旁既做学生又做助手，聆听他的教导、指点，学着做教学行政和教课工作，一直在温州中学干了三十多年才离开学校。金嵘轩先生是浙南教育界的老前辈，是对温州教育事业作出很大贡献的著名教育家，是我长时间跟随他工作受教育很多并最敬仰的长者。值兹金老诞辰一百一十周年之际，我深深感到他的高风亮节、教育功绩永远不能忘怀。有几点印象是最深的：

认真接受党的领导。金老在历史上一向是向往进步，同情革命，办好教育为国效力的。解放后接受中国共产党的领导是十分真诚的。解放初期，校中一度还没有党的组织领导，但从上级派来思想改造领导小组（当时叫增产节约委员会）以后，他就完全依靠它的决定、意图开展工作，相处十分融洽，学习党的方针政策，特别是党的教育方针政策是十分坚决的。对学生的德智体全面发展有个较为明确的完整的指导思想，他在重视学生智育的同时，十分关切学生的道德风貌和体育健康的培养，从而逐步把一所古老的学校转变为新型人民的学校。

特别热爱学生。我觉得他是一位诚恳宽厚的长者，是一代师表。他为人特别随和，对师生谆谆善诱，从无厉声疾色。他特别热爱学生，在政治上、生活上倾注一片作育英才的心血，凡学生遇到困难，他亲自过问，帮助解决，有的学生交不起学费、有的生病住院缺乏医药费、有的考上大学路费不够，等等，嵘轩先生总是慷慨解囊，予以周济或发动部分教师共同解决，这种事例是很多很多的。

突出抓好体育卫生。先生特别重视体育卫生，这是他在日本留学期间经过亲自实践，深深认识到体育卫生对个人健康，对国家昌盛的重大作用。只有提高国民的身心素质，增强国家的实力，才能抵抗外国的侵略。他自己非常讲究养生之道，每天坚持冷水浴（七十岁后改为冷水擦身），做气功，与学生同做早操，随时打太极拳。一次我和他一起乘轮船到上海，他也照常在轮船甲板上打太极拳，生活非常有规律。由于历史上的原因，体育在学校课程中往往受到轻视，针对这种情况，先生在办学过程中总是扎扎实实，锲而不舍地狠抓体育，把它作为学生升级、减免学杂费和评选优秀班、优秀生的主要条件之一，拟订具体办法，严格执行，并把体育作为考核班主任工作的一个重要方面。近年来，我们的学校评优及高考升学均要计算体育成绩，其实几十年前金老就认真实行了。

一切坚持从公出发。金老办学公私关系特别讲求分清，不允许有半点含糊，他十分强调教育师生爱护国家和学校的公共财物，从严治校、廉洁奉公。除上面提到的毁巨大家产偿校债的历史性贡献外，有些公私关系问题的处理上是常人所根本做不到的。如夏鼐先生曾提起的，一九二四年他和同学金志庄在温中附小旧制高小第三册学习，差半年才毕业，当时学制变革允许跳过半年考初中的，夏鼐报考录取了，而嵘轩先生没同意金志庄报考，原因只因志庄先生是金老的儿子。他认为当时大部分应届毕业生都落第（温中是很难考的，八百多人才考一百名），如果自己未毕业的儿子居然考上了，人家就可能怀疑有私弊、有闲议。其实志庄先生的成绩是优异的，完全可以考上。在毕业后他考上了温中，迟了一年。另外对于一些参加当时反帝斗争而离开艺文学校的学生，却允许破例以同等学力报考温中（如老校友王建之等），两相对比，就可看出金老处事之严明、作风之正派、情操之高尚，能有如此克己的精神，是非常人所可及，确是后人学习的榜样。所以在他当校长任内，从未批过条子让未经考试的学生入学，哪怕是社会权贵的子弟。那时温中学生从入学到毕业都经过严格考试，学校形成良好的校风与学风，因而培养出一大批对国家有用的人才，成为一所名牌中学，这里和金老的模范作用是分不开的。

汇集名师办学。学校的素质关键在于教师的质量，先生对于教师的选聘极其严格。金校长到处搜罗人才，凭着他的威望和诚挚，聘用大批名师。他留学日本研究教育，又做过留日学生的监督工作，认识一大批留学日本的学者专家，所以温中教师中有一大批日本留学生，如陈修仁、洪特民、陈湜。再如夏承焘、王季思、沈炼之、陈叔平、陈逸人、陈铎民、陈楚淮、董朴垞、杨悦礼、徐桂芳、方德植、陈仲武、马骅、叶琛、徐朔方、徐规、王锦光……这些老师以后几乎都升入大学任教，还都是名教授。所以金校长在办学任内“名师效应”非常突出。据我所知，温州中学解放前教师连大学本科刚毕业的也进不去的，一个黄怀仁，一个樊祖鼎，两个在校高才生，经推荐才能进校当教师的。也不是唯学历，唯资格论，解放后，班级大发展，在师资缺乏的情况下，在本校毕业同学中挑选特别优异立即聘为教师就有陈庭芳、童平生、黄来仪等人，他们以后教学成绩突出，成为特级教师、教育专家，对学校也作出了很大的贡献。省立温中教师阵营之整，尽人皆知。名师出高徒，在校友中便涌现大量国内外知名学者、专家和各方面的建设人才，比如温中就有“数学家的摇篮”的美称，自姜立夫、苏步青、李锐夫、方德植、项黼宸、徐桂芳、白正国，一直到杨忠道、谷超豪、张鸣镛，大多是嵘老的学生。继此而崛起的温籍数学名家如陆善镇（北师大校长）、王兴华（杭大数学系教授、博导）、周顺兴（北京计算数学学会理事）、干丹岩（西北大学数学系教授，他所著的《多级火箭的数学理论》等论文，曾获一九七八年全国科学大会重大贡献奖）等也都是嵘老的学生。

先生三长温中，先后历时二十五个年头，是历任温中校长任期最长、贡献最多、影响最大的一位老校长，今天我们纪念他，首先就想起他对温中所作的卓绝贡献，追思他、学习他三长温中的历程、宝贵经验，继承并发扬他的热心教育、尽瘁教育的崇高精神和优良的思想作风，把历史悠久、人才辈出的温州中学办得更好，把温州教育办得更好，使它能涌现出更多的优秀的四化建设人才，这就是我们对嵘轩先生最好的纪念。

本文原载《温州教育》一九九八年增刊。

金嵘轩老师二三事

薛邦瑞

金嵘轩先生是著名的老教育家。无论他对教育事业的贡献，或是他的道德品质和工作精神，都受到人们的崇敬。我读师范时，金老师是我的先生，后他任温州中学校长，我在校长室工作。这里就自己的亲见亲闻，记叙金老师的几件事。

一、他热爱教育事业，没有个人得失之心。即使偶有苦闷，也只是事业方面的苦闷。他对我说："遇到困难，要积极开展工作，不要留滞心中。"在旧社会里，要办好这一所著名的学校，不论在经济方面或政治方面都会遇到许许多多的困难，而经济方面的困难最为突出。经常不能按期领到办学经费，金老师就借钱办学（他曾经多次叫我去找留日老同学陈松坪先生，向"钱庄"借钱办学）。校舍不够用，建筑计划报上去，上级推说没有经费。金老师就向社会各界募款，又写信向国内著名书画家征集作品，举办"建校书画义卖"。当时的温中分部（即现在的温六中）部分校舍，就是这样惨淡经营建成的。高觉敷、姜琦两位先生都来信、来电请他到大学里教书；苏步青先生回乡看望他，也同情他的艰苦。但他不计较个人名利地位，坚持办学。

二、他支持学生运动。抗战胜利第二年，金老师倡议组织温州各中学校长联合会，办在城区（即现在的鹿城区）的温州中学，参加者有：永嘉县立中学（校长叶云帆）、永嘉县立简易师范学校（校长林主光）、瓯海中学（校长谷寅侯）、建国高级商业学校（校长屠白麟）、建华中学（校长陈纪方）、温州工业学校（校长项启中）、白累德护士学校（校长陈舜华）等校校长。金老师被推选为主席，每月开会一次，在各校轮流举行。那时，温州的青年学生，跟全国青年一样，反对国民党的统治。高商校长多次在会上建议各校采取统一“措施”，防止学生“不轨行动”。金老师总是说“我们办教育，要教而育之啊”，“要支持他们的正义要求”，“要善加引导”。本校的训育主任常向金校长汇报学生“不轨言行”，金老师说：“要分清是非，对学生的爱国正义行动，不要用惩办手段。”

他支持学生阅读进步书刊。凡是国民党当局发到温中校长室的禁止共产党活动、查禁书刊等“密令”，他都叫我秘密抽存搁置。他还约见进步学生，指导他们避开反动派的监视。

一九四七年六月，温州城内各中学学生联合举行反内战大游行。金老师热情支持，同时打电话给温州专员兼保安司令余森文，要他保证游行学生的人身安全。余森文未有确切答复，在电话里只回答一句“我来看您”。金老师就亲自带领学生出发游行。临走，吩咐我："余专员如果来看我，你说我带领学生去游行了。"接着，余森文来到温中，我对他这样说，余森文就赶去找金老师。金老师在路上就拉余森文一起，带领游行队伍，边走边谈，直到游行完毕。

三、他平日关心学生的知识、道德、体格的成长发展。他要求各级级任导师在学期中途，把每一班级学生中最好与最差的人名、事实列成简表，报告校长室，再叫我汇总列表，把最后进的学生名单列在最前头。他经常看看这张汇总表，分析原因，然后在教学工作会议上提出讨论。还经常找这类学生谈话。那些后进的学生踏进校长室之初，惴惴不安，经过金老师的谈话指导后，莫不深受鼓舞。

有位青年教师，教学得法，可是夜晚出校"叉麻将"，以致第二天上课误点。教务主任陈铎民老师和风细雨地规劝他，他不听，反而在学期结束前把功课提前教完。金老师到他宿舍里看望他，没有遇见。他却趁金老师外出，到校长室辞行。我向金老师汇报，金老师就在第二天早晨再到宿舍里看他，同他谈话，随后，写好下学期聘书，叫我亲手送给他。这位青年教师接受聘书后，对我说："我是前任校长的人，原以为'一朝天子一朝臣'，在此暂度半年。不料金校长如此诚恳，像长辈一般谆谆劝勉我，我今后一定努力工作。叉麻将是无聊之时为之，决不再叉了。"

四、他对待工友和善，毫无校长架子。他要求总务处把工友名单与职责分工，列表报到校长室，不随便使唤。还经常关心工友们的生活疾苦。工友朱祖楼他们对我说过：“我们生活方面有困难，直接向会计室、总务处借钱，很不容易，可是再向校长室要求一下，就解决问题了。”

平时，经常有许多青年来找金老师，要求介绍工作。老师常叫我草拟介绍信稿子。董朴垞老师跟金师很要好，同我的关系也好。他对我说：“有的人很啰嗦，缠着要嵘老介绍工作。嵘老是个好好先生，有求必应。对于这样的人，你可以出面代嵘老婉辞，让嵘老节省精力，专心办学。”我向金老师汇报，他笑着说：“不是有求必应，要看求什么，应什么。要知道，失业是很痛苦的。我的学生失业了，想在教育界找工作，我一定尽力帮助。”

本文选自《鹿城文史资料》第二辑，鹿城区政协文史委员会一九八七年编印。

追思学习金校长

王锦光

我教书四十多年了，教了十年中学，三十多年大学，碰到的校长不算少，金嵘轩先生是最受师生爱戴的校长之一。

金嵘轩先生对文理科教学都十分重视（对体育、美育也很重视），所以当时温州中学的师资十分整齐。在金先生的建议与主办下，大约在一九四八年举行过一次温州地区（或城区）的（中学）理科表演比赛，分六组：高中物理、化学、生物三组，初中也是这样三组（生物为动、植物）。各校自动报名参加，由教师指导，学生表演（每组学生二三人），请专家评定。比赛结果，我记得高中物理组温州中学第一，初中物理组瓯海中学冠军。在这次比赛的推动下，各校对理科实验教学普遍注意起来，学生对学习理科兴趣增大。金先生在温州中学校庆时，时常布置理科仪器展览，让学生、家长和社会人士来参观。对科学普及教育起一定作用，也使家长和社会人士了解一些温州中学的仪器设备和办学情况。

金先生对重大问题还是很有原则的。一九五〇年暑假，校中大部分教师到杭州学习土改政策，金先生等学校领导都去学习，我留校主持校务。当时温州城区各中学联合招生，在极左思潮、绝对平均主义的影响下，竟有人提出取消考生填志愿，招进来的学生各校平均分配。我虽极力反对，招生联合会议还拟通过考生不填志愿平均分配的决议，我说这个责任我负不起，打电报请金校长决定，大家才勉强同意先打电报。我去电报后，金先生马上回电，措辞坚决，一定要填志愿。这样才仍填志愿联合招生。

金先生对穷苦学生十分同情，有时帮助他们缴费。他开了一张教师的名单（少数几位），自己填了一个帮助的数目，被帮助的学生拿着这张条子去找寻名单上其他教师求助，名单上往往有我的名字，我当然帮助一些。有时我遇到某个学生确实有困难，也学着这个方法去做，另外几位教师也有这样做，的确解决少数学生的困难，使他们得以安心学习。

敬爱的金校长，您的教育思想与教育实践深深地留在我的脑海中，我要好好地学习。

本文选自《瓣香集》，温州市金嵘轩先生诞辰百周年纪念筹备委员会一九八七年编印。

我与金校长共事五年

项瑞钊

我与金校长共事只有五年之久。在这五年不算长的时间里，我作为一个学生，在金校长的领导与熏陶下，他的行事为人给了我人格的启示和教诲，对我一生从事教育事业有着重要的影响。

在温一中金校长任内，我感受最深的有三点：

一、金校长的办学指导思想是全面发展

五十年代的温一中处处起到温州最高学府的作用，不论在政治运动方面，还是学校校风、学风，以及校园内的社团、墙报、校刊、绘画、军乐、体育、文艺都搞得生气勃勃，出人头地。

全区（包括市、县）中学生体育大会，一中蝉联十年冠军。金校长题字的温一中校刊，办得很有特色，并培养了不少编委，这些过去在校的编委，后来成为知名的作家、记者，不乏其人。温一中的军乐队，是全市闻名的第一支学生军乐队。绘画组培

养了不少绘画骨干，后来不少人成为全国知名的画家。在毕业生的去向上，绝大多数学生升入高等学府继续深造，也有参干、参军，也有直接参加工农业生产。这些五十年代的高中生，在学校就受到各方面的锻炼，现在不少人成为专家学者，或各条战线的领导骨干，有的已事业成功，光荣退休了。

所有这一切说明五十年代温一中校风是生气勃勃的，学生的素质得到各方面培养，因而毕业生的才能也是出名的，这与金校长的倡导、督促分不开的。当时我是生活指导组组长，每星期至少有两次向金校长汇报。他特别强调中学要打好各方面基础。

二、金校长倡导“知行合一”，重视道德品质教育，注重行为养成教育

他老人家在学校教育中非常强调首先是做人，具有高尚的道德品质，而这些优良的品质必须在良好的教育环境下进行熏陶，必须在日常行为中一点一滴地养成，因此他非常注重一天的学习生活秩序，从早晨五时半起床开始，早操、早自修、上课、课外活动、晚自修直至就寝都有章可循，井然有序，形成了“上课时全神贯注，自修时鸦雀无声，活动时生龙活虎”的校园风景线。今日温一中有这些良好的学风，应当说是当时金校长所倡导的学风的延续。金校长不仅是主张倡导，而且是身体力行。冬天早晨寒风刺骨，天未亮，全校住校生在操场上做

早操，金校长都是早到，并要求行政领导和每个班主任到场点名检查学生人数，有的班主任住在校外的也要准时赶到，一个也不少。他对师生都非常严格，金校长除出差外地外，在校从早晨起床直至晚上就寝熄灯，都深入课堂、自修室、寝室、操场了解各方面情况，并作了记录。在每周例行办公会议上讨论，研究改进意见。他就是这样地抓到实处，从日常的学习生活中培养学生的良好习惯和品质。他教育我们对学生的培养要从大处着眼，小处入手，潜移默化，水到渠成，这样使学生易于接受，逐步养成良好的习惯。

三、金校长为人正直，廉洁奉公，全心全意献身教育

解放后，金校长独自一人住在校中，以校为家，生活俭朴，淡泊名利，他想的是教育爱国，他充满着爱心，他把一生精力都献给教育事业上。工作时公私分明，从不沾公家一点便宜。据说，他逝世时，留下来除书以外，只有一个一千多元的存折，真是两袖清风，但他留下的精神财富却很多很多。

本文选自《温州教育》一九九八年增刊。

一个纯粹的人

郁宗鉴

嵘轩先生离开我们整整二十年了。

一九六七年，他住在兴文里，离我家仅一街之隔。他走的时候，我应该去送他，可是，那时温州正遇上“史无前例”的武斗，战火纷飞，不得安居，我亡命到了乐清。八月中旬，硝烟暂熄，才踽踽回到温州。金老去世的事是吴昭铎兄告诉我的。他说:“嵘轩先生桃李满天下，但送殡的学生只有我一人。”说着，彼此感慨万千，唏嘘不已。

我年轻的时候就知道先生的令名。他毁产兴学，热忱于桑梓的教育事业，许多感人事迹曾给了我们这批穷师范生极大的鼓舞，“高山仰止，景行行止”。教人遗憾的是未能受业于他的门下。

也算有缘，一九五三年底，组织上派我到温州一中工作，我终于亲聆謦咳，成为他的助手与学生。

几年相处，我深深感觉到他是一个诚恳宽厚的长者，是师表，是知识分子的楷模。毛泽东同志颂扬白求恩大夫那段话，如果把它用在他的身上也绝非过分。

他当了这么多年的校长，从没有谋取过私利，没有批过条子让未经考试的学生入学，哪怕是他的亲属。那时温州一中，学生从入学到毕业都经严格考试，学校有良好的校风与学风，因而培养出一大批国家有用之才，成为一所名牌中学，这与金老的模范作用是分不开的。

他热爱学生，对学生循循善诱，倾注一片作育英才的心血。学生遇到困难，他亲自过问，帮助解决。有的学生交不起学费，有的考上大学而乏路费，嵘轩先生慷慨解囊，予以周济。他生前有这么多学生爱戴他，去世后有这么多学生悼念他，这原因决不单是他当过多年的校长。

他对学生、对地方教育事业是如此慷慨大方，而自奉却始终保持俭朴。他别无嗜好。每天凌晨起床，锻炼身体；不论降霜下雪，坚持洗冷水浴。他的房间里，几乎一尘不染，图书物品陈放极为整齐。那时他年近古稀，怕自己健忘，笔记本总不离身边。所有这些，都显示出他严肃的生活作风和严格的工作态度。

他待人亲切、和蔼、谦逊，密切联系教师与学生，见到他如沐春风，觉得他是一个平常的人，但在平常里又看到他崇高的形象。

先生的名字永远镌刻在我们的心上。

本文选自《瓣香集》，温州市金嵘轩先生诞辰百周年纪念筹备委员会一九八七年编印。

十月的纪念

尹　庚

今年十月九日，温州杰出的教育家金嵘轩先生逝世二十周年，届时，温州还将举行嵘轩先生诞辰一百周年纪念。于此，我记起了三十七年前金嵘轩先生主持下的温州中学举行鲁迅逝世十三周年的纪念活动。

温州解放后，我与老友马骅（莫洛）都应嵘轩先生之邀在温州中学任教语文。十月间，马骅在刚创办的温州新华书店二楼举办了鲁迅译著与遗墨展览，会上同时展出马骅与胡今虚二十年来收集珍藏的有关鲁迅的文字资料及鲁迅给胡今虚的五封亲笔信。新华书店设在四顾桥，离温州中学不到一百米，我们除了组织与指导学生参观温州空前的这个展览之外，还得到嵘轩先生的热情赞同和支持，在校内也举行纪念鲁迅的活动——小型的展览与讲座。

嵘轩先生尊敬鲁迅，对鲁迅还有特殊的感情。嵘轩先生比鲁迅仅少七岁，他同鲁迅一样，青年时期曾在日本留学与工作多年，两人都曾受教于章太炎先生；两人此后的生活中，也都留有日本人民谨严刻苦的生活影迹。嵘轩先生让我们在校图书馆的浩瀚藏书中翻检出从二十年代以来的有关鲁迅的报纸、期刊和单行本，以供学生公阅和语文教师参考。我和马骅给学生作了专题讲话。展览中，嵘轩先生也对我们漫谈了清末民初留日学生的生活和思想。几位在本校多年讲授古文的老年教师，这时也都对鲁迅的古诗文和文学史著作进行新的探索。

这次纪念的规模不很大，日数不多。我在校任教的时间更短，不足一个学期。就在那时起，我深刻认识到嵘轩先生的道德、学问，永远地敬佩。

一九八七年六月于北京

本文选自《瓣香集》，温州市金嵘轩先生诞辰百周年纪念筹备委员会一九八七年编印。

九山乡梦绕师门

夏　鼐

我童年和少年的岁月，是在故乡温州度过的。五十四年前，我在当时名为浙江省立第十中学初中部毕业后，便离开了故乡外出读书；接着在异地工作，很少回家。因之，常有“年年跃马长安市，客舍如家家如寄”之感。一九五二年移家北京后，只在一九五六年还乡一次，到现今已经二十五个年头了。但是故乡景物和生活往事，常涌现在我眼帘前，也多次在梦里复现，仿佛回到了故乡。

我梦见次数最多的是温州城内的九山一带。这不仅由于这里风景优美，而且更是由于这里常使我回想起一桩往事。那是一九二四年的夏间，我在十中附小，正是念旧制春季高小第三册的小学生，还差半年才好毕业。当时学制变革，允许跳过半年考初中的。这样，要加一把劲儿，我和同班级同学金志庄在一起，时常跑到九山旁边的城墙下去温书。我们温书过久时，精神有点累了，便一起散步，爬到城墙上休憩片刻，再坐下来温书。在这里，可以俯瞰九山河和城内毗连的瓦房；向郊外，可眺望到郊区一片稻田，点缀着几处村庄，青山绿水，景物宜人。傍晚时候，凉风习习，高处越发凉快。在暮色苍茫中万家灯火亮起来的时候，我们才从城墙上走下来回家。

在考期临近前，有一次，志庄忽然对我说，他不去投考了。我听了后不胜惊讶。原来是在这一年暑假里，他父亲金嵘轩先生受任十中校长，不让他报名投考。志庄说他父亲认为大部分应届毕业生落第，而还未毕业的校长的儿子如居然考上了，人家将怀疑有私弊，会引起闲议。我听后默默无语。

那一年投考十中初中部的有八百多人，只录取一百名，我侥幸考上了。志庄曾说，他如果应试，很有把握可以录取。但他不会后悔，也不埋怨父亲。第二年，他毕业后才去投考，晚了一年进初中。

志庄的话是可信的。他在初中毕业后，赴日本鹿儿岛读第七高等学校，成绩优良，常名列前茅。日本九州帝国大学招生考试，他考上了，而且名列第四，攻读医学，造诣很深。志庄不幸于一九七六年十月病故。回首当年九山共同读书往事，使我悼念不已。

温州城墙是早已被拆掉了，但这件事在我的脑中印象很深，历五十多年并没有把它冲淡。最近几年，我每听到或读到关于高校考试中开后门的丑事，便联想起金嵘轩校长这件故事。他的感人事迹，当然不止这一件。前年温州市为金先生开追悼会，我由北京寄去一副挽联：

绛帐追思，春草池塘犹昨梦；
素帷遥奠，燕山瓯水共含悲。

十年浩劫中，温州社会的良善风气听说遭到了很大破坏，又传闻九山河也遭到一些污染。但是在我的梦中，故乡仍然是那样美好，九山河仍然是那样波平如镜，清澈见底。

本文原载《浙南日报》一九八一年六月二十六日，《中国教育报》一九八五年一月十二日转载。

敬爱的恩师金嵘轩校长

朱叔华

我今年八十六岁，平生所交师生同学同事，不下千人。其中金嵘轩先生是我的恩师，我对他印象最深。他那慈祥伟大的人格，谨严修身和治学的方法，诚挚纯朴待人接物的态度，永远铭刻在我心中。

老师循循善诱，诲人不倦。一九二二年八月至一九二三年七月金老师在浙江省立第十中学教我班旧制四年级公民课，每至上课，他总是从容登台，和蔼可亲，讲解详尽而清晰，深入浅出，使人易懂。课外有所请益，百问不厌。记得有一次我以事心绪不安，胡思乱想，学习不专心，请商金老师，他旁征博引，再三劝慰，示以修身养性之道，收拾放心之法。嘱去整理书籍什物或去郊外欣赏田园和大自然景色。照此做法，果然逐渐万念俱清，仍能一心读书。所以几十年来，我每因处逆境而分心，即照嘱来行，效益不少。我班有许多优秀同学如陈林泉、张绅（淮南）、高秉维（溯初）、郑异（亦同）、李蕃（锐夫）、臧渭英、徐璘（信慧）、杨毅、周辙（复勉）等对金师身教言传，都很敬佩，在校中课余饭后，我常与这些同学散步谈论，他们对金师一致予以好评。

奖掖后进，体恤同事。一九二三年夏我于浙江省立第十中学旧制毕业，那年家遭风灾，所住屋舍两间，统被台风拔倒，栋折榱崩，成一大堆瓦砾场，因而经济拮据，不能上进。同学张淮南、陈林泉协同金嵘轩老师，商请校长邵聪（季达）将我留校工作。邵校长欣然接受，聘为校图书室管理员，主任是原我级语文教师朱自清。朱师忠诚勤奋，平易近人，每天下午来指导编目。后来金老师接长斯校，改聘我为教务员兼教补习班及永嘉女中代数各二小时，薪水有所增加。旋商得金校长同意，我随二兄毓西赴沪应试复旦大学师范班被录取，不料家中深夜突遭火灾，所有家具衣物屋舍，一律化为灰烬。年迈老母，仅幸身免。当时二哥已由杭返家，我已回校工作。噩耗传来，心乱如麻，仓皇失措，不知如何是好。金校长闻讯，即频加劝慰，我便回家处理善后事宜，经数日返校，金校长已发起向同事筹集救助金八十多元，附一张出款人名单，叫会计金品三、庶务陈济民送给我，收受之下，感与愧并，我除面谢金校长外，还印发每人一张感谢信。一九二六年北伐军兴，一九二七年闽军过境，时局动荡，温中（即十中）校长易人，我也办妥移交，经人介绍，去任乐清县政府科长之职。不数月，“四一二”事变起，人事大变动，我即离职。适新任严州中学（省立第九中学）

校长王亦文先生来电催我去任严州中学会计主任兼教选科应用文，又匆匆就道，服务严中，几达四年之久。一九三一年春办好移交，不幸家乡来电要奔母丧，遂仓促动身，途经杭州，那时金校长在杭省自治专修学校任教。我因便去拜谒问候，适他外出，因急促趁车，不能久待，只好放一名片于他案上而去，可是他对我始终关怀备至，推荐我给新任温中校长张幼丞。我在家几日，忽接张校长来函嘱即来校接收教务，详情面谈，并谢金师介绍云云。可见金校长平素对师友学生量才使用，有机会酌情推荐，云情厚谊，赢得不论识与不识，莫不敬仰。

慷慨出资办学，爱护进步学生。一九二五年至一九二六年间，国内军阀跋扈，内战频繁，强邻虎视，经济侵略，民不聊生。国家对教育款项经常拖欠，甚至达半年之久，我校自不例外。金校长体恤教职员生活困难，卖去家中田产百许亩，发放工资，以解同事燃眉之急。经过情况，会计金品三对我时常说起。金校长非常爱护学生，一九二六年冬至一九二七年春，国民党极右派曾计划逮捕一批思想进步的学生。我的外甥陈适、侄朱澄，都被列入黑名单，他们突然逃到我处（我在乐清县政府工作），我将他们安置到白石一小寺栖息几个月，温中给他们退学处分。我就带他们入严州中学插班继续学习毕业。我曾问起你两人何以知道当局要逮捕你。他说金校长曾秘密告诉他，希望他们静慎早逃，慰勉有加，可见金校长对进步学生无比关怀。

金校长一生从事教育事业，言传身教，真是一代师表。现值我师百年诞辰，谨追忆金师德行如上，以示不忘老师教导奖掖之恩。

本文选自《瓣香集》，温州市金嵘轩先生诞辰百周年纪念筹备委员会一九八七年编印。

先生的风范与日月长存

朱维之

我是金嵘轩先生的一个普通学生，一九二四年毕业于十中以来，六十多年中，觉得先生的形象愈来愈高大。他一生为教育事业鞠躬尽瘁，付出毕生精力，还不惜倾家荡产，真无愧于伟大教育家的称号。

先生施教的特色是言教和身教的统一。他的发言简洁而深刻，没有废话，用朴素中带有风趣的语言说出真理，给人以深刻的启发。记得一次全校搞卫生运动时，先生做了动员发言，在几句引言之后，便着重说到厕所清洁的重要性。他说清洁的厕所使人心情愉快地养成每天通大便的好习惯，这是有利于健康的一件大事。不仅有利于身体的健康，还有利于精神的健康。用脑力工作的人，在上厕所时脑子得到休息，如得清洁安静的环境，有时灵机一动，会解决疑难问题。不少思想家、高僧在厕所悟道，诗人得到惊人的佳句。污秽可厌的环境便把灵机赶跑了。所以有经验的视学员来校检查时，常把厕所的清洁当做重点。这番话把极平凡的事物深入浅出地说出真理，使人易懂而难忘。六十多年了，我还记得很清楚，连他那从容不迫的说话姿势都历历在目。

先生的身教更加给人以难忘的印象。他的仪表朴素而整洁，他的风貌自然而端庄。身材不高不矮，稍带清癯，常穿浅色长衫，单薄而清洁，光润的脸上常露微笑。即使严寒的冬天，也常以冷水沐浴，数十年如一日；长期锻炼，自成松柏的性格，坚强的毅力，永远值得学习。

先生对于每一个学生都注意到他的特点，关心他的成长。我在校时是个极平常的学生，有时写些小诗、短文，先生却记得我的笔名。毕业四年后，我在上海工作，在杂志上发表了短篇小说《玛瑙般的希望》，被他看见了。一天他在北四川路上遇到我时就叫我的名字，问我几年来的情况，还说起我的小说，给我一番鼓励。伟大的教育家，不仅关心在校学生的成长，也关心他们毕业离校后的发展方向，真是了不起！

一九三〇年，我在福建协和大学（现在福建师范大学的前身）任教，学校允许我去日本学习两年，但不知去前应办的手续，写信请先生指导，他马上回信叫我预备各种证件寄给他，不到半个月就把一切手续办齐了。如此迅速，充分体现先生办事的优良风格：一、热心助人，认真作事；二、办事干净利落，彻底革除官僚主义作风。这些都是他的身教，为弟子们树起光辉的榜样。

先生的言教和身教，影响弟子们十分深远。年复一年，弟子和再传弟子多到数不清，是真正的桃李满天下。先生的风范，可与日月长存不朽！

一九八七年五月四日于天津南开园

本文选自《瓣香集》，温州市金嵘轩先生诞辰百周年纪念筹备委员会一九八七年编印。

深切怀念老校长金嵘轩先生

吴　襄

今年是温州中学的老校长、著名教育家嵘轩先生诞辰一百周年和逝世二十周年。我作为先生的初期学生，从获得纪念筹委会通知后，就怀着无限深情怀念这位毕生致力于家乡教育事业、同情革命、爱祖国、爱人民、爱学生的一代宗师。先生为人，言行一致、表里一致，大公无私的崇高品德将永远为后人所景仰。

先生早年留学日本，回国后立志从事教育事业，以实现他救国的宏愿。自一九二一年起，先生即任教于温州中学的前身浙江省立第十中学，一九二四年担任校长，一九二七年离任。我自己恰在一九二三年考入这所中学的初中部，当时我还是一个不懂事的少年。当先生离任时，我正在母校高中部一年级学习，只是一个刚开始懂事的青年。在先生的教诲下，我度过了愉快的四年学生生活。屈指计算，迄今已过去了整整六十个春秋。而这六十年我们国家走过了不平凡的道路：从横遭帝国主义欺侮和军阀混战到国民党的反动统治，从八年抗日战争胜利到庆祝全国解放成功，从“十年内乱”的灾难到现在举国上下安定团结局面的形成和日益巩固。遗憾的是，先生因遭受林彪、江青一伙的迫害，含冤逝世，未能亲见今天正在蓬勃建设具有中国特色的社会主义国家。但先生的高风亮节和诲人不倦的精神，将永远留在我们心中。

由于自己当时的无知，对先生的为人只是从表面认识到他一向平易近人，爱护学生；在那苦难的时代里，先生始终保持乐观精神，过着艰苦朴素的生活。直至一九八二年读了庆祝母校建校八十周年的专辑，才知道先生当时因学校经费困难，不惜倾卖家产以偿校债。特别值得称颂的是，解放前先生就同情和支持中国共产党的革命事业，保护共产党人的革命活动。在那白色恐怖的岁月里，先生不顾个人安危，毅然邀请刚从苏联归来由党中央派到温州发展组织的温中校友谢文锦同志来校演讲，宣传马列主义，宣传十月革命；后又保护多位地下党员，其中包括母校同学蔡雄烈士。烈士为革命壮烈牺牲时，正是我在高中一年级就读的时候，全校同学对此莫不震惊而寄予极大的同情。这一事我是记忆犹新的。

在全国解放前夕，先生再度出任母校校长，直至一九六七年逝世为止。新中国成立后，先生曾先后被选为浙江省人大代表，省政协常委，温州市政协副主席及副市长；并担任中国民主同盟温州市主任委员和盟省副主任委员等职。先生在百忙工作之余，勤于学习马列主义及党的方针政策，更加竭诚地拥护党，并在党的统战工作中努力发挥党的助手作用。“文革”初期，先生横遭诽谤，以致身心受到严重摧残。当先生病危之际，还郑重写下遗嘱，告诫其家属：一、公私物件要分明；二、正派家风要树立；三、国家财富要重视；四、家庭教育要严格；五、终身为祖国服务。这是先生临终前热爱祖国的表现，不愧为我国知识分子的楷模。

先生热爱祖国教育事业、尊师爱生、言行一致的高尚品质，对我一生的影响很大。我于一九二六年初中毕业、准备投考高中时，当时高中部分为文、理和师范三科，我与几位同学商议之后，都决心报考师范科，以便日后从事教育工作。不料翌年国民党浙江省政府派来一名新校长周某，他的为人就同金先生截然不同。一九二八年初春，由于同学们提出一些合理要求，周某竟采取高压手段，把好几名同学开除学籍；我在同学集会上曾发言对周某的所为表示不满，也被勒令中途退学。当年秋季又有更多的同学继续被开除。对比之下，我开始认识到国民党反动派的真面目，同时我更加怀念金先生爱护学生的热忱。此后我辗转沪宁学习，一九三四年在南京中央大学毕业后，虽长期在医学院从事生理学的教学科研工作，但犹常记得老校长的教导，必须爱护学生，自己必须言行一致，方能尽到一个教师应尽的责任。

一九八七年五月初旬于大连医学院

本文选自《瓣香集》，温州市金嵘轩先生诞辰百周年纪念筹备委员会一九八七年编印。

桃李不言　下自成蹊

王建之

金嵘轩先生是现代享有名望的教育家。今天，我们在纪念他诞辰一百周年之际，回首师门，抚今追昔，不禁怃然久之！旧日同学，健在者皆已白头，而先生墓木，早已拱矣！

我是浙江省立十中（后改名温州中学）高中第一届毕业生。记得二十年代中叶，一九二五年五卅惨案发生后，中国人民反帝斗争进入高潮时，我在温州英国人办的艺文中学读三年级。顾正红烈士的鲜血，点燃了全体师生的反帝怒火，英人校长蔡博敏（译音）、教师谢道培（译音）夫妇四人被驱逐出境，艺文中学从此可耻地结束了！

我们三年级同学，正在考虑下学期怎么办时，社会上传来学制要改革的消息，十中要招考高一新生。我和几个同学便去见金校长嵘轩先生，说明来意，请求以同等学力参加考试。金校长听了后，便说："你们有志气，做得对！"在谈到以同等学力报考时，他说："可以考虑，不过还要同校里同事商量一下。

你们明天晚上八时来听消息吧。”第二天我们如期前往,金校长带着微笑对我们说:“校里同意你们报考,择优录取,你们以后不要再来见我,等通知吧。”结果我被录取了。同时平阳人考入高中的还有马星野,他原来是十中初中毕业的。

十中高中当时仅招三班学生,分文科、理科、师范科。我读文科,星野读师范科,高中部与十师共校舍,道司前校门上有南通张謇写的“温州师范学校”石刻横额。苏渊雷是十师毕业班学生,与我同校一年,马星野也只读了一年,便考入厦门大学。

我在高中时,金志庄才从十中附小毕业。志庄学习成绩很好,按当时十中规定,不等到毕业,可以跳级报考。嵘老是志庄的父亲,却不让志庄这样做。前几年夏鼐写的怀念嵘老的文章中,曾谈到这件事。当时有人说嵘老太拘泥,报考与录取是两回事,古人用人尚有“内举不避亲,外举不避仇”之例,何况考试是看成绩!可是嵘老为了要避嫌,却不让儿子这样做,对于我们这些参加反帝斗争的艺文学生,却准许破例以同等学力报考。两相对比,就可以看出嵘老处事之严明,作风之正派,情操之高尚,真非常人所可及。确是后人敬仰学习的榜样,也使他自我价值转化为社会价值而永远存在!

嵘老平生不善言辞,待人接物,从无疾言厉色,而令望著于浙东南,声名留于后代。正如司马迁在《史记·李将军列传》中赞扬李广说的:“口不能道辞。及死之日,天下知与不知,皆为尽哀。彼其忠实心诚，信于士大夫也。谚曰：‘桃李不言，下自成蹊。’此言虽小，可以谕大也。”

我相信金嵘轩先生诞辰一百周年纪念碑建立以后，来瞻仰者下必成蹊了！

本文选自《瓣香集》，温州市金嵘轩先生诞辰百周年纪念筹备委员会一九八七年编印。

纪念金嵘轩先生

管　雄

嵘轩先生逝世已经二十周年了。乡人为了纪念先生对教育事业的卓越贡献，并联想到他的诞生也已百岁，特开会追思，用以激励后进，继承前绪，这确是一件极富有时代历史意义的事。

我初次拜见先生是在一九二四年暑假开学以后，距今已有六十多年。现在对他的诞生和逝世进行纪念，我不能无言。在一九八二年温州中学举行八十周年校庆的时刻，我曾应约写过一篇题为《回忆》的短文，其中有一段文字专门回忆了先生的生平业绩。那是这样写的：

我在中学念书时期最使我敬仰的还是金嵘轩先生。他来当中学校长，是我刚入初中的那年。我这一级是他第一次亲手招进来的学生。他当时刚从日本留学归来，八字胡子，双目炯炯，一望使人肃然起敬。他律己甚严，每天要我们做早操，也时常对我们训话。那时穿西装裤的人还比较少，大部分学生还是穿中装大裤脚的，他总是告诫我们不要学时髦，不要穿笔杆裤（指西装的小裤脚）。虽然他自己是东洋留学归来的，却没带一点洋气，对青年确是起了模范的作用。时国内军阀混战，政治极端黑暗，帝国主义者又利用军阀，不断侵凌欺侮我们。教育经费多数发不出来，先生就变卖自己的祖遗田产，垫发教师的工资，使弦歌不绝。我们对他这种公而忘私、毁家办学的精神是永志不忘的，他确是我上中学时期的几位校长里道德最高尚的人物，我还没有碰到过第二位像他这样言行一致的前辈先生。可惜他惨遭“四人帮”的迫害致死，已永离我们而去。

今天纪念先生，我要说的话，也还没有轶出这篇短文之外。不过有些细节，还可补充些许。

先生办学非常认真，对教师的选聘极其严格。只要有一技之长，即使个人有负俗之累，作为一校之长，也必多方延揽。当时如马公愚的书法，马孟容的国画，陈叔平的数学，刘仲琳的博物学，都是学生们所爱戴的，也体现了先生尊敬人才的精神。抗日战争爆发后，应姜伯韩先生之约，先生赴福建师范学校任教，任重道远，一无怨言。后来我也应沈炼之之约，避敌来永安福建省教育厅工作，还时时传闻先生的轶事。

抗战期间与先生音闻几隔绝。直至一九四七年秋天，我归故乡探亲，时内战方殷，烽火连天。我赁居在一个地主兼商人的房子，房主人嫌我出不起更高的房租，要撵我出去。我当时又有去浙南解放区参观的机会。先生知我意，坚留我移母校暂住，我遂挈两个孩子搬进温中的一间宿舍。一天，夏瞿禅先生忽来我处长坐，相对无言，苦笑而已。时刘节先生要去广州中山大学，约我同走，我以室家羁牵，却未成行。也以先生待人恳切，感人至深，如坐春风，如沐时雨，故乐于追随先生而不忍去。

先生为人，谦虚谨慎，从无疾言厉色，听者莫不折服。抗日战争起，我与初中同班的同学夏鼐、王栻等各携书卷，先后入蜀。迨抗战胜利，又下三峡，聚首南京，时时记起先生在春草池边告诫我们的往事。现在不仅先生的音容笑貌，渺不可即；即夏、王诸子，也已人琴俱寂，空闻笛悲。

古人说："经师易遇，人师难遭。"（袁宏《后汉纪》）先生真可说是一代人师。在祖国社会主义四化建设高涨时期，资本主义的两种文明如狂风骇浪，向我们侵蚀袭击。面对此情，我们既必须坚持开放，但又必须严加鉴别，特别在精神文明方面。像先生那样的吸过洋水的学人，不沾染一点资本主义精神文明的糟粕，却能结合我国国情，一心一意为祖国的文化教育事业服务到底，确是当代不易得的人物，值得我们永远纪念。

本文原载《瓣香集》，温州市金嵘轩先生诞辰百周年纪念筹备委员会一九八七年编印；收入管雄著《三思斋文丛》，南京大学出版社二〇一七年四月第一版。

年华逝水怀金师

汪远涵

一次温州师范学院离退休教工集会上，党委书记金礼义同志有所感慨地说了一句："说起师德，今不如昔！"在座的老教师们不免有此同感。我自然而然地想起了温师院（原温师专）首任校长金嵘轩先生。

一九二五年秋，我考入浙江省立十中（今温州中学）初中部。校长金嵘轩先生担任了我们一年级四个班的公民教师。所教的大致是伦理学方面的知识，也就是教导我们怎样做人。作为一校之长，他可以不兼课，可是他最关心的便是把青少年学子培养成为对国家对社会有用的人才，所以他就亲自对我们进校第一年正在成长的学生进行素质教育。一开始他对我们说，他在日本留学时，深感日本一个小国的壮大便是由于狠抓青少年的爱国思想健强身心的教育。一星期他上一次课，却规定每个人都要写反省录，检查自己的学习和思想。他所教四个班共有一百五六十人，他审阅了每篇反省录，有的还写了评语。认真负责的师德一开始就获得了我们深深的敬意。

比我高一级的夏鼐同学曾在一篇悼念师恩的文章中说到，他原是十师附小旧制（高小三年）春季班毕业的，考初中要等待半年，但成绩优良的可以提早半年去应试，他和同班的金志庄约定一起准备功课提前参加秋试，等到报名投考时志庄不去了。因为他是金校长的次子，金老师认为自己是校长，不能让自己的孩子抄捷径，于是金志庄第二年便与我同级。记得和我们同年级的有徐贤修（原台湾清华大学校长、科委会主任）、叶桂芳（台湾“中央日报”总编辑）、方恭敏等。

不但从阻止志庄提前应试看到金老师的高尚风格，同样一九四九年解放后第一个学期他的大公子金志超(溟若)曾希望进温中教书,仍因父亲校长身份的作梗被摒在校门之外。后来溟若经在日留学时的同学颜友松的介绍到温二中教高三语文，我得以与他有同事之雅。我早知道溟若深通中日语文,一九二五年便曾在朱自清主编的刊物《我们的六月》上发表中篇散文《我来自东》,写他留日的感触。二三十年代之交和董每戡（曾任中山大学教授）寄寓上海时曾多次访谒鲁迅先生，他的几篇重要日译《叛逆者》等篇被采用，在鲁迅、郁达夫主编的《奔流》杂志上刊登。后来他去了台湾，翻译日本权威作家诺贝尔文学奖获得者川端康成小说集而享盛誉。逝世后，名作家琦君（潘希真）曾写了一篇悲切动人的悼文。

一九三一年，温州叶溯中任省立杭州高级中学校长，金师应邀担任教导主任。第二年陈布雷由浙江教育厅长升任教育部次长，他推荐叶溯中继任厅长。金师离开了杭高，应黄溯初之请，由当时平阳郑楼小学校长胡方超陪同到上海青海路黄寓商谈温州教育发展问题。正在黄寓校勘《敬乡楼丛书》的刘绍宽老先生也在座，我在旁作些记录。名闻省内的私立郑楼小学是黄氏独资创办的，设备和师资都是一流的，后把校产捐赠政府，改设省立温州师范学校。另行在温州创办私立高级中学，觅地双屿山准备建筑校舍，特地邀约金师前来谈论建校计划，并请他出任校长。谈判进行得很顺利。筹备期中，因黄氏任董事长的上海通易信托公司倒闭，双屿高中计划遂告搁浅。

一九五六年，温州第一所高等学校创立，金老师以副市长兼任该校校长。当时他还兼民盟温州市委会主委，督促我们成立民盟师专小组。有些小组活动，他总是以组员身份参加。记得有一次他提议到江心寺过组织生活。那时候江中孤屿仍相当荒凉，需蹲在舢板上过渡。他率领我们到孤屿温州文物管理委员会，请负责会务的方介堪先生对我们讲些文物知识。方先生展示了不久前刚从坍毁的龙泉宝塔中转来的部分藏件，是颇有价值的文物，让我们增加了这方面的见识。

金师当时租住兴文里两间民房，几乎每天要从住处出发，前往市府、师专、民盟办公，有时还到基层办事，我曾看到他亲自深入居民户检查环境卫生。已是古稀之年，总是健步而行，是实实在在的一位平民市长，一位典范的教书育人的好老师。

本文原载《怀籀》第一期，温州中学校友会一九九七年十二月编印。

缅怀金嵘轩校长

马大恢

金嵘轩先生是吾乡最著名的教育家，他诲人不倦的精神是我们后生们最怀念与崇拜的。先父马公愚在温州中学（省立十中）担任教师时是金校长的助手，无论在教务与辅导学生方面都在金校长的领导下竭力效劳。温州中学的名誉与学术成绩大部是在金校长的高风亮节和模范行动影响下树立起来的。他是我们的好导师，中外钦佩，万年流芳。饮水思源，金校长将永为我们的导师。今年是他诞辰一百周年与逝世二十周年，海内外的学生弟子们将永久地怀念他。

本文选自《瓣香集》，温州市金嵘轩先生诞辰百周年纪念筹备委员会一九八七年编印。

温中琐忆续篇（节选）

苏叔迁

母校八十周年大庆时，写了《温州中学琐忆》一文，一眨眼，九十周年大庆又将来临了。母校，就像自己的母亲，一想母校，心头就不免涌动起来。

我出生在温属文成县大峃镇，是山区穷苦人家的孩子，初中毕业于瑞安中学，高中时开始考入“三临中”，抗战胜利后的一九四六年春天随着“三临中”并入温州中学，我从山区来到了城市。原来我要把大部分课余时间用到劳动“糊口”上去，只在课堂上听老师上课才算是读书，回到家里就无法与课本接触，很少有时间做作业。到了温高，又是在校寄宿，我就有时间“专门”用到读书上去了。晚自修，全班寄宿生在明亮的电灯下，济济一堂，或轻声诵读，或埋头做作业。级任导师苏尔寿先生，白皙的面庞，高大的身影，常常在我们晚自修时出现，给予我们以指导。按作息时间表每天早晨六时起床，我们五点钟就起来了，或分散坐在楼梯上，或在校园里默背英语生字。

学校里一派生机勃勃的景象，这与“三临中”时走读，每晨翻山越岭要赶五里路上学，又以祠堂当课堂的环境相比，不知优越多少倍了。我在温高读了两年书，是“货真价实”地算是读书，打下了比较扎实的基础，这是我人生中最美好的阶段，是母校的乳汁哺育了我成长，最值得回忆的往事也最多。

令人崇敬的校长金嵘轩先生，也是我怀念的。他是校长，我是学生，从未个别接触过。作为一校之长，他的声望，他给温州中学带来良好的校风，我还是有深切感受的。他接替朱一青担任温州中学校长的时间是一九四六年下半年。那时，整个温州城“登革热”肆虐，温州中学自然不能幸免。我们寄宿生的病患者很多，少说也占三分之二，寝室里到处都是大便，臭气熏天。在疫情这么严重的情况下，学校没有放假，让没有患病的学生坚持上课，不让学业受到损失。校长金嵘轩先生如果没有相当的勇气与魄力是很难这么做的。“登革热”的疫情过去后，金校长特别强调体育锻炼与讲究清洁卫生，他特地请了温州很有名气的“大力士”赵仁海先生，教我们打太极拳、南北拳，让我们懂得防身之道，这是任何别的学校都不会这么做的。记得他出任温中校长时正值花甲之年，他目光炯炯，精神矍铄，冬天到了，两只手从不插进裤袋，而是两只手互相搓摩，教我们学生都这么取暖。不久前，瑞安中学的京宁杭沪四地段校友集中在上海筹备瑞中九十五周年校庆，瑞安市金恒景副市长特到上海来参加这次庆祝活动。原来他是金嵘轩先生的孙子。交谈中，金副市长也谈起他爷爷冬天两手互搓取暖的动作。说到这点，我俩都不禁发出会心的微笑。原来我俩都受到这个动作的“感染”，获益匪浅。金校长还特别关照伙房每晚烧几大锅开水，让每个学生临睡前用热水洗脚，说是入睡后可以保持血液的正常循环。迄今四十多年来，无论是在硝烟弥漫的冬天的战争环境，还是在下放劳动条件很差的艰苦环境，我一直保持这良好的卫生习惯！

一九九一年十二月八日于上海明村四十一号三楼

本文选自《温州中学九十周年校庆纪念刊》，一九九二年编印。

怀念温州近代卓越教育家金校长嵘轩先生

胡珠生

温州近代是一个颇不平凡的近代，曾经人才辈出，名家如林，文化普及，在许多方面走在两浙乃至全国前头。王舟瑶有诗赞曰:“百年两浙论儒术，经训文章属永嘉。”这是我们温州数以千百计的教育家们不懈努力的结果。如果说，国学大师孙诒让在兴办温州地方教育事业上立下无可匹敌的业绩，则金嵘轩先生在关键时刻保持温州教育事业的连续性上做出极为可贵的贡献，不失为温州近代教育界的卓越代表人物。

我是金师两度长校的学生，有幸参与温中八十周年校史的编写，对于嵘轩先生在浙南教育迭次出现危机的关键时刻毅然肩任艰巨，免得教育中断的事实及其意义稍有所知。值金公诞辰百周年之际，试行阐明如下:

抗日战争时期，温州教育受到日寇骚扰轰炸，被迫停、迁，很不正常。适应战时特殊需要，永嘉枫林办了个济时中学，为了进一步扩充和发展，地方人士在渠口建筑新校舍。他们恳请金公来任校长。一九四〇年九月，我考入济中，教语文的金溟若、算术的陈修仁、农业的金宸枢等老师都是留日学生，实习的农场里还长着稀罕的日本传来的球菜，教美术的徐石麟老师已出版《山水画》专集，教地理的张一纯、教音乐的郑子静等老师都是学有专长的名师，金公所聘师资质量之高，确属罕见。当时抗日宣传热火朝天，一次谣传日寇入窜，我小小年纪，从渠口攀山越岭回到珠山，居然手执木棍，勇气百倍呢！在金校长领导下，订立规章制度，贯彻“整齐勤朴”校风，学校欣欣向荣，学生好学成风，外县学生接踵而来，蔚然成为浙南最佳学府。至今永嘉乡亲无不交口赞誉金公长校时期为济中的黄金时期。我在济中仅读一年，基础知识获得长足进步。当年金校长戴着白色拿破仑帽，穿一身洁白制服的教育家风度至今印象犹新。可以肯定地说，没有金公长校，奠定良好基础，济时中学还是难以胜任“济时”的历史任务的。

一九四六年八月，浙南最高学府的温州中学因原校长朱一青辞职，继任人选迟迟未决，面临停学危险。我出于对金师的旧有敬仰，在二十四日《浙瓯日报》发表了《从温中校长的难产说到解决的途径》，代表同学们共同要求向社会呼吁，并敦促金公等老教育家勉为其难。三天后，金师答应各方面请求，发布启事，开始招生，把温中从困境中恢复过来。和在济中一样，所聘教师都是第一流的，以教我班高三语文的程溯洛师（现为中央民族学院教授）为例，作文课出《书愤》题，我以文言体写作，抒发岳飞未能直捣黄龙、文天祥未能恢复大宋江山之愤，竟得“天衣无缝、云锦成章”评语，受到极大鼓舞。校长所聘名流演讲，如林仲达讲《人类教育的前途》、夏承焘讲白居易的《琵琶行》《长恨歌》以及江湜的诗篇，听众耳目一新，津津有余味，在立场观点、知识领域、思想方法和文学艺术素养等多方面得到启发和提高。校长还举办《如何建设新温中》的征文比赛，发动学生提出设想和建议，以主人翁态度关怀学校自身的建设。由于金校长把办好教育、造就英才作为终身的奋斗目标，以身作则，不谋私利，支持学生运动的健康发展，因此获得全校师生的高度爱戴。可以肯定地说，如果不是金公肩负重任，不仅难以如期开学，而且地下党所领导的学生运动必将受到干扰和损失。

金公在温州教育史上写下更动人的篇章是在一九二四年八月至一九二七年三月间担任省立十中校长时期。一九二六年底，福建督军周荫人部过境，从农历十一月十五日至廿九，历时虽仅半月，温州却陷于极度混乱，诗人杨青在《丙寅冬闽军过温记事竹枝词》一百零五首中述及其事：

临时紧急借兵房，佛殿神祠指派忙。知道横戈仍把卷，偏偏搬入各学堂。（廿六）

兵去大家走拢寻，连间稻秆拥灰尘。一高寻出一活鬼，师范寻出五死人。（七五）

学堂荡毁变猪窠，薪木毁伤遗失多。知道几时重整顿，海滨邹鲁辍弦歌。（七六）

这些军阀部队把十中和师范糟蹋得不成样子，幸亏金校长事先有所布置，图书仪器均已隐蔽，免于损失。但地方政权一再变动，教育经费毫无着落，社会秩序因此去彼来，极其紊乱，要在这样困难的条件下恢复上课，只有依靠借款维持。而取得借款的先决条件则是田产抵押。为了温州教育不致中断，金校长毅然为常人所不能为，不顾个人得失，抵押家产，借款维持学校。其后，省里对这批借款迟迟未能妥善解决，金校长只好卖掉田产以了学校债务。正是这一光辉行动，赢得千千万万浙南人民的交口赞叹，和孙诒让后先媲美，成为温州近代教育史上的佳话。

嵘轩先生为温州教育而多次不顾身家得失，肩负艰巨，为常人所不能为，这样崇高的政治气质是如何形成的呢?有关传记和生平简表都提到“少问学于宗叔晦”，而其东渡日本留学，也出于金晦的鼓励，这才使我恍然大悟。

金晦，原名鸣昌，字稚莲，廪生，是温州最早治颜（元）李（塨）之学的学者。因学案横遭斥革，愤而改名晦，字韬甫，号遁斋，别署蚓庐畸士，宋恕早年之所以背离程朱，转向实学，正是出于金氏教导。他在《卑议（初稿）自叙》中云：“十七，识同郡金遁斋先生，始知有颜习斋氏、顾亭林氏之学。”黄庆澄、杨镜澄和陈宗虞等都曾拜金为师。据其自述，“晦三十以来，抗心希古，自持颇高，读书之暇，伏几窃念：三代之治，周孔之教，自汉至今，何遽歇绝?宋儒虽以圣学自任，而空谈性天，无裨经济，伊吕之业恐非所胜。近读颜李之书，参验欧西治术，乃知王道学教确有正传。”所著《治平述略》共十八条，主张“创设议院”“复坐论之议”“重禄”“限田”“公考察于民”“议刑罚于学”“置女师”“禁释道”“绝优娼”等，这种务实的治学态度和主张改革的政治纲领确曾影响周围的许多后学。嵘轩先生和金晦之间以师生而兼叔侄，影响之深，自不待言。看来，阐明嵘轩先生教育思想形成的历史渊源还得对他和金晦等前辈间的具体交往关系作进一步的发掘，这将有待于同志们的共同努力。

本文选自《瓣香集》，温州市金嵘轩先生诞辰百周年纪念筹备委员会一九八七年编印。

忆金嵘轩先生二三事

安　邦

金嵘轩先生是一位著名的教育家，其毁产助学、爱护学生、服务桑梓的事绩，在社会上广为传颂；同时，他又是一位坚强的爱国民主志士。一九四六年九月至一九四七年六月我亲聆他的教诲，得到他的帮助，他的崇高形象永远铭刻在我心中。现追忆二三事以纪念先生。

一九四六年上学期，我是温中高二年级学生，被推选为学生自治会主席和永嘉学联会主席，在地下党领导下，和广大同学从国民党白色恐怖下冲出来，掀起了波涛汹涌的爱国民主学生运动。长期霸持着温州中学校长一职的朱一青，经历次学生运动，充分暴露出他反共反人民的丑恶嘴脸，从而被迫下台，调离学校。在学期最后一次校务委员会上，他提出要开除我的学籍，当场遭到钱耕莘等老师反对，未被通过。他还不甘心，临走前布置校长室勒令取消我的公费待遇。

朱一青离职，迎来了金嵘轩先生到职视事，众望所归，师生们闻之无不欢欣鼓舞。八月底，我怀着喜悦的心情回校注册，不料已被取消了公费待遇，要我交足全部费用才准注册。我家贫寒，交不起学费，又无精神准备，徘徊于校园，一筹莫展。经进步同学谷钱国的奔走活动，苏尔寿、周守常两位老师愿为我担保，先注册入学。九月初，我拿了签有两位老师的担保报告，去面请金校长审批，这是我第一次见他。他在中山纪念堂后面一个小房间办公，只见他目光炯炯，精神矍铄，态度和蔼可亲，实在使我不相信眼前是一位六十高龄的老人。他问明来意，倾听了我的陈述，仔细看了书面报告后，毫不犹豫地提起毛笔在报告上批了“同意入学”四个字，并认真地签了名，接着在一本旧式帐簿上作了记载，最后，语重心长地鼓励我说：“好好学习，不要辜负师长和父兄对你的期望。”悬挂心头几天的石块终于落了地，我内心感激不尽。由于金校长的批准，我才跳出朱一青设下的陷阱，得到在母校继续求学的机会，金嵘轩先生确是爱护青年的可亲的长者。朱一青一再拒我于校门之外，金嵘轩先生又接纳我继续求学，这一“拒”一“纳”，实质上表明了两任校长对待爱国民主学生运动截然不同的两种态度。

一九四六年上学期，朱一青校长任内，陈铎民老师离校赴沪任教。陈老师执教地理，学识渊博，循循善诱，深得同学爱戴，在省内极有声望与影响。消息传出，同学们无比震惊与惋惜，纷纷建议学生自治会前去挽留。初夏的一个傍晚，我赶到陈老师家，说明受全校同学重托恳求挽留之忱。他听了很感动，声音低沉地说:“我也不愿离开同学们啊!但物价飞涨，货币贬值，实为家计所逼。你看，我长期兼任温中、瓯中、永中三校的地理课，每天往返步行于三校之间，路上口渴了，从未买点饮料；肚饥了，舍不得买点心。即使为此劳碌、节约，家庭生活仍难以为继。”听到这里，我眼睛湿润了，铎民先生的经历使我明白了，在国民党统治下，不但工人、贫民生活不下去，知识分子也走投无路，即使像铎民先生这样有学问、有声望、有影响的名教师，生活也如此艰难，只得只身离家去沪谋求稍高工资，带回温州养家糊口。所以，我只能相对无言，告别时默祝先生一路平安。金嵘轩先生在这年暑假接任温中校长，他就诚挚地邀请名教师回来，铎民先生首先接到邀请。金校长还于盛暑中几次亲自登门诚聘，并听取他对办学的意见，促膝谈心，陈铎民先生毅然辞掉上海较高待遇的大学教师工作，欣然接受聘请，返归温中任教，并担负起教务主任重任，为提高教学质量、加强教学秩序、开展学术活动而竭尽全力，成为金校长办学治校的得力助手。陈铎民先生的一“离”一“回”，充分反映了前后两任校长在尊师重教上的向背。一个听之任之，分崩离析，好教师留不住，离心力愈来愈大；一个求贤若渴，广揽英才，把已经离散的教师，磁石般重新吸引回来，具有那么强大的凝聚力，这就是金嵘轩先生的教育家风范。

一九四六年十二月二十四日，北平发生了美军强奸北大先修班女生的暴行，激起了全国人民抗议怒潮。在永嘉学联统一领导和各校学生自治会组织发动下，一九四七年一月九日举行了声势浩大的反美暴行集会和游行。在运动发动过程中，我和学联主席陈显雷曾去个别征求金嵘轩先生意见。他首先谴责美军暴行，同情学生义举，但也为临近期终考试而开展运动，担心会影响学习成绩。为此，我俩说明：集会游行早于期终考试几天，各班学生代表、进步同学已开始和全班同学一起抓紧复习功课，并组织互助以帮助学习有困难的同学。他听后表示放心。

一九四七年，中国人民革命进入新的高潮。以南京、上海、北平、天津学生为主体的“五二〇”血案为爆发点，在蒋管区掀起了“反饥饿、反内战、反迫害”学生运动，形成了人民反蒋第二条战线。五月二十四日，浙南特委书记龙跃派我秘密到温州城区，协助永嘉县委组织与开展反饥饿、反内战、反迫害运动。此时，中共浙南特委正开始与温州专员余森文进行秘密联系，同时，学联主席陈道生亦密切联系金嵘轩先生。运动时，金嵘轩先生曾向余森文请示对策。这时，金嵘轩先生对国民党政府反动本质、时局发展前途的认识已比较清楚，他列席五月三十日永嘉学联在温中图书馆召开的会议，不避风险，率先讲话，他说：“反饥饿、反内战、反迫害运动反映了全国民众的要求，我支持，但你们是学生，希望不要过多影响学业。”讲完先离席，让学联具体讨论开展运动的问题。金嵘轩先生的讲话，不但表明了一位优秀教育家对运动的同情，也为运动的顺利开展扫清障碍起了很大作用。

一九四七年秋以后，我虽不在城区，但陆续听到不少金嵘轩先生支持进步同学领导学生自治会，开展多种政治斗争；向温中地下党员出示温州师管区追查共产党的密令；保释被捕的进步学生；支持护校，迎接解放等事绩。林治正、吴崇源、吴昭华、林锦润、陈国钧等同志在不同阶段都与金嵘轩先生有过联系，详情有待他们回忆、撰写了。

本文原载《温州教育》一九九八年增刊。

嵘轩先生二三事

黄本华

先师嵘轩先生逝世已经卅载，与先生的最后一次见面则已近半个世纪，但先生的音容笑貌却永铭心田，令人难忘，先生的高风亮节、高尚品德将永远为后人所景仰。

我在一九四三年秋由瑞安中学转学到温州中学，一九四六年秋先生在温州各界的盛情要求下来温州中学任校长，此前温州中学校长是朱一青氏，朱校长和嵘轩先生都以治校严格著称，但待人处事、治校作风却不大相同。朱校长以威治校，待人严厉，不苟言笑，令人望而生畏；嵘轩先生则以德治校，和蔼可亲，从不疾言厉色，而是谆谆善诱，以理服人。在教学上嵘轩先生特别重视质量，强调教师水平，抗日胜利后，英士大学一度在温“落户”，不少名教授被延聘来温中执教，一时温中名师荟萃，人才济济，桃李成荫，誉满浙南。这是与嵘轩先生治校有方、献身教育、荣辱不计、公而忘私的精神分不开的。

嵘轩先生早年留学日本，对日本的国民教育体制有很深的认识，尤其对日本强调国民健康教育更有深刻的体会，他认为日本侵略中国敢于肆无顾忌，为所欲为，军国主义思想的策动固是主要原因，但另一方面也恃其国家的实力，而国家的实力其基础即在于国民之健康。为此他在重视教学之同时，更注意学生的体育和健康。记得一九四七年温州专区召开全区中学生运动会，温属各县的中学派运动队参赛，当时温中体育教师高中部是周守常先生，初中部是王丛柏先生，都是老资格的体育老师，他们负责温中参赛运动员的训练。由于学生课程十分繁重，所以训练只能在课余时间进行，当时学生生活很苦，膳食很差，运动量增加后，学生体力不支，周守常先生就提出集训期间，补助每个运动员点心费，大概相当于每天一碗肉丝面的钱。我记得当时主管财务的温中总务主任瑞安籍王公望先生一口拒绝了周守常先生的请求，因为学校经费实在太紧张了。守常先生就去找金校长，金校长听说是有关学生参加运动会的必要费用，十分支持，马上就签字批准了。王公望先生听说金校长已经答应，十分为难，事后抱怨说:“嵘老也不摸摸口袋里有多少钱就签字答应。”从这件小事也可以看出嵘轩先生对学生健康的爱护和对体育工作的支持，即使在经费十分紧张的情况下，仍念念不忘学生的健康。因为当时我也是参加运动会的运动员之一，所以此事虽已过了半个世纪，但至今记忆犹新。

一九五四年我回瑞安探亲，特地到母校温中拜望金校长和诸位老师，当时金校长正好在校，他的记忆力很强，还能叫出我的姓名。我向他汇报了我的工作情况，当他听说我正在参加成渝铁路建设并已成为一名铁路工程师时，非常高兴，他说中国的铁路交通还十分落后，需要你们青年一代去改变面貌，他还说:“日本是一个岛国，但铁路交通十分发达，国土面积小，铁路线却很长，相反我们中国面积比日本大数十倍，但铁路线很短，而且分布很不均匀，中国要想国富民强，铁路建设需要赶上去。”短短几句话为我终生献身铁路建设增加了无限动力。金校长那次还谈到金温铁路建设问题，他希望在有生之年，能看到铁路通到温州，当时在旁的温中校长办公室文书鲍永楷先生插话说:“温州通铁路难度太大，这辈子怕见不到了”，但嵘轩先生却很有信心地说:“温州通铁路只是个时间问题”。从那次谈话后，转眼过了四十余年，经过数代人的努力，今年八月八日金温铁路宣布正式接轨，金校长的愿望终于实现了。

在那次见面后不久，中国的政治运动就接连不断，每次政治运动，知识分子都首当其冲，一直到史无前例的文化大革命。在这段很长的时间里，由于种种原因，我就再没有机会见到金校长，但他那慈祥的面容和谆谆的教导却永远留在我的心中。

本文原载《温州教育》一九九八年增刊。

老校长的课外教育

徐贤辅

金嵘轩先生是我中学时代的先后两年学校的校长。一九四二年，我从温州城里逃难到永嘉楠溪，在渠口山村济时中学念书。这是一所在抗日战争期间地方人士自办的一所学校，校舍简陋，条件较差，金嵘轩先生出任这所中学的校长。当时我们大多同学都吃住在学校，生活十分艰苦，每天吃的是夹杂许多米虫的糙米饭，又没有什么菜蔬。我第一次见到金校长，是学校召开的全体师生大会上。他站在讲台上针对有些同学怕苦的思想，教育我们说：为了争取抗战胜利，不要怕苦，要千方百计克服困难。他号召师生自己种菜，改善伙食，还风趣地说："米里有几条米虫没有什么可怕，吃几条米虫，脸白嘴唇红。"大会后，他和同学一起刨地种菜，同甘共苦。这是我年少时第一次受到的自力更生、克服困难的教育。

一九四六年春，我转学永嘉中学，初中毕业后考入了温州中学高中部。这年下学期，金嵘轩先生重新出任温中校长。我再次见到老校长，是在一次周会上，他动员同学去观看苏联影片《苏联之光》。当时国民党反动当局正掀起一股反苏逆流，借对苏联的污蔑，攻击中国共产党。我们在金校长动员下去看了这部彩色纪录片，看到了苏联运动会上朝气蓬勃、似花如锦的团体操表演，留下了对当时苏联的美好印象。

我在温中高中念书期间，在金校长的倡导下，学校的课外活动丰富多彩。学校规定每个周末下午为周会时间，由各班级演出文娱节目。同时，还通过学生自治会发起多种形式的课外活动。例如：举行球类比赛、开展歌咏活动、组织剧目演出、编写班级壁报、提倡图书阅览、举办学术讲座，等等。金校长还邀请学界名流来校向学生作学术演讲。如著名数学家苏步青先生、著名考古学家夏鼐博士、词学大师夏承焘先生等都曾来校作过学术报告。记得在夏鼐博士演讲后，金校长还向我们介绍夏鼐在温州中学念书时的情况，说夏鼐读书时爱好课外活动，但成绩很好，这是什么缘故?经他仔细观察，原来夏鼐在课堂听课时聚精会神，十分专心。由于来校演讲的著名学者都曾在温州中学任过教或念过书，他们的成就和治学方法，我们听起来十分亲切，无形中在学生中树立了学习的榜样。

大家都知道，当时温州中学的教学质量是很高的，加上金校长倡导的课外有益活动，促使学生在德、智、体、美、劳全面发展；有些同学通过课外活动，接受了进步思想，走上了革命的道路。尽管时间已过去半个世纪，但是在杭州的许多温中校友至今仍念念不忘当初温中生动活泼、奋发向上的校园生活。应该说，金嵘轩先生不愧是素质教育的先驱，卓越的教育家。

我在解放后见到金校长是在一九五四年的十月。当时我在杭州工作，出差到温州。有一天回到母校（在道司前）观瞻后出来，在小南门口见到老校长笑容可掬地向我走来，想不到这位桃李满天下的老校长居然还认得我这个学生。我连忙迎上去紧握他的手。这竟是我们师生之间最后一次见面。几十年来，我常常为自己青少年时代有这么一位高风亮节的导师而感到骄傲。在纪念金嵘轩先生百年诞辰的时候，他的光辉形象又一次地浮现在眼前，上面那些几十年前的往事，一件一件地涌上了心头，命笔缅怀。

本文原载《温州教育》一九九八年增刊。

缅怀金嵘轩老校长

叶文超

“英奇匡国，作圣启蒙”，这是温州中学校歌上的两句词语。大家都说温州中学有史以来人才辈出，这并非虚言，而是客观实际的反映。

这所学校之所以人才辈出，除师资条件好，有“勤讲读”和使人“如坐春风”的优良学习环境，更重要的是因为有好校长，金嵘轩校长就是其中享受盛誉最具代表性的一位！

金嵘轩先生先后三次出任温州中学校长，对这个学校有着不可磨灭的历史贡献。特别是他在任内“毁产办学”的光辉事迹，更是博得了广大师生衷心拥戴和温州社会贤达的广泛赞誉。

抗日战争胜利后，金嵘轩先生复出，再当温州中学校长期间，青田水南分部回归校本部，我也于此时开始就读城区道司前初中班级，有幸天天见到金校长。记得当年本校从瑞安县大峃镇（今属文成县）乡下搬回城区原校舍后，朱一青校长调离，一时校长空缺。众望所归，温州各界社会贤达出于公心，共同荐请长期致力于教育事业的金老先生重任校长。这件事当时社会影响面大，轰动全城，也给我们许多同学留下深刻的印象。

金嵘轩先生重来温中当校长不久，学校管理教育迅即发生显著变化。给我的第一个感觉是图书馆里添购了许多进步书籍和报刊，大大地充实丰富了同学们的精神粮食。单以报纸刊物而言，西楼下图书馆阅读架上前所未见地摆有《文汇报》《新民报晚刊》以及《文萃》《世界知识》等好几种，在当时属于比较进步，所谓“新思潮”的读物。特别是那上面充满着反对内战，要求国内政治进步的好文章，我和不少同学很喜欢跑图书馆阅览室，基本上都是从阅读这类进步报刊中初步得到思想上的激发和启示。

我的第二个感觉是课外活动内容丰富多彩起来，常常学生自治会出面，发动各班级出“壁报”并加评比，还经常组织文学、社会科学和自然科学方面的讲座和征文比赛，这给大家在正式课程之外从思想学术上开展自由研究和发展思维、锻炼写作能力提供了有利机会和场所。还举办学术演讲会，邀请社会名流来校讲演，我就曾到大礼堂听过上海周予同先生关于中国历史的一次专题讲话。

此外，最难得的是金校长松宽了限制，容许同学间自由组织成立各种读书会，开展群众性的学术活动，当时高初中各种形式的读书会如雨后春笋纷纷出现，各班级出的“墙报”贴遍了两边走廊。

仅以上数点，足以体现和反映金嵘轩校长与众不同的民主办学精神，他是一位真正名实相符的政治开明、德高望重的老教育家。因为有金嵘轩校长的这般“钟灵毓秀”，所以温州中学自然很快形成“桃李葱茏”的良好局面。

金校长还是我学打太极拳的启示人。大约是他来校当年的冬季，《浙瓯日报》发表过金校长的一篇署名文章，相信当时许多同学看到过。文章的主要内容是讲身体锻炼的经验体会，说到自己小时候身体柔弱多病，后来留学国外，增加知识，懂得如何锻炼身体，重点介绍了几种锻炼身体的有效方法，如冷水浴、打太极拳，等等。冷水浴这好理解，太极拳是什么拳呢?我感到好奇，但确实是从这里首次获得了太极拳对身体有“锻炼作用”的认识。后在一个偶然的早晨，看到教初中历史课的李天民老师在操场上演练太极拳，经他耐心解释指点，认识太极拳柔中寓刚，内紧外松，对身体锻炼作用很大，于是消除疑问，增强信心，开始跟他学打太极拳。李老师打的是杨式太极拳，可惜没有跟他学完整套动作，直到从部队转业地方之后，才继续跟耿秉清老师傅学完整套杨式太极拳。至今，我坚持每天打太极拳，基本上风雨无阻，成了一种爱好和每天必修功课。回想起来倒觉得很有趣，第一个启示我学打太极拳的人竟是校长金嵘轩先生，最初就是从他的文章中领悟到太极拳锻炼身体的作用。这也说明一个哲理：凡是一个人在谁的心目中一旦树立了威望，这个人说的话就容易被接受和拥护照办。

金校长当年有一个非常宝贵的工作特点，经常从各个班级调阅学生作文和日记簿（本），其目的估计是为了从中直接了解和掌握学生平时学习和思想动态；或者也含有考察检查教师教学效果的用意。而每个班级的级任老师总是有意识地把本班级学习成绩较好些的学生簿子挑送金校长。想不到，我也碰上了这种好事。

初三上学期，我因为胡珠生学长的启示，增加课外兴趣，从一位老师那里借读了《孙子兵法十三篇》，后来又从一份杂志上看到消息，德国有位军事学家叫克劳塞维兹，著有《大战学理》一书，并说这本书是西方军事学的鼻祖。中国《孙子兵法》和德国克氏《大战学理》相互媲美，并称东西方军事学的两座高峰。尔后得知，克氏这本资产阶级军事理论著作受到过伟大导师列宁的肯定，大大提高了知名度；中国人民解放军军事科学院曾于一九六四年一月内部翻译出版，书名为《战争论》（三卷本），发给师（团）以上领导干部参读。我因为时在南京军区司令部军训部工作，近水楼台搞到一部，现在还置放在书柜里。

看了杂志介绍，我那时心血来潮，竟很想找到《大战学理》这书看看，可惜那时校内图书馆没有，九山河边籀园图书馆也无此书，上海商务印书馆有出版，但标价十四万圆（元），哪里买得起呢?我因此在某一天的日记簿上记了这件事，发了一些感慨，怪自己家穷无可奈何。日记上写了，反正没有办法，自己也就慢慢淡忘了。

谁知有天晚自修时，级任老师郑孔圣先生忽然找我说，金校长约你去见他。我不知什么事，怀着忐忑不安的心情跑去校长室。金校长见到我到来，立即点点头，脸含笑容，十分慈祥亲切地示意我坐下。他说：我看了你的作文簿，知道你学习成绩很好，作文写得不错，我很高兴。我也看了你的日记簿，知道你想要一本《大战学理》的书。你怎么想起要这本书呢，说说看。他微笑着询问我，我如实恳切地回答了自己的前后思想过程。金校长听完回答后，忽又详细问及我家庭情况，我也一一地认真作了回答。最后他勉励我说：你家庭困难，但你肯读书，好学上进，对军事也有兴趣，这很好，我现在给你十四万元，设法去买《大战学理》，希望你发奋努力。我听说他要给钱买书，意想不到，连忙摇手推说不要。金校长从抽屉里拿出一叠钞票，用鼓励的目光一再要我收下。旧社会虽说钞票不值钱，但一下子十四万，数目不少，相当我母亲工厂织布一个月的工资啊，我内心十分激动不安地终于双手接过金校长送给的十四万元钱，尔后通过平阳籍的一位老同学关系从上海购买到了德国人的这本军事著作。

说实在的，金校长给钱买书这件事令我没齿难忘！我很奇怪，一个普通学生心想买本书的细微小事，校长怎么会了解的呢？了解到了如果认为不坏，当面鼓励几句也就显得很好了，何至于还自己掏钱给学生呢？金嵘轩先生从“了解”我的心愿到面谈，到自己掏钱给学生买书，解囊济困，成人之美，这种高尚风格值得永远怀念和颂扬！我至今回想起来，一种感激之情油然而生，仍不免热泪盈眶，永远缅怀于心。

我们班级临毕业时，不论哪位同学，只要送去当时那个年代特制的“留言簿”，金嵘轩校长都不吝笔墨，欣然题辞，满足要求，以资鞭策鼓励。因此，我也在离校前得到了金校长宝贵的亲笔题辞。几十年来，特别是二三十来年军旅行伍期间频繁转移调动，幸好一直珍藏，没有丢失。

金校长写给我的题辞是：“诚实以启人之信我，乐易以使人之亲我，虚己以听人之教我，恭己以取人之敬我。”

我一向把金校长的题辞奉为自己做人行事的格言和座右铭。“诚实”这一点可以问心无愧，对上对下，对组织对同志，从不昧心说谎，更不会弄奸耍滑，两面三刀；“乐易”也还过得去，人生道路上风风雨雨，难免有曲折钉碰，一般尚能自我乐观，平易相对，没有去计较得失，多少有点“阿Q精神”吧。面对金校长题辞，有所惭愧的是“虚己”和“恭己”做得不够，前半生人家这方面的意见比较多。过了而立之年，经受了钉碰坎坷，懂得了一些世故人情，才慢慢开始有所改进，注意抓紧主观世界的自我改造。我后来一直保持的想法是，记取当初一个纯洁的“温中学生”，后来“革命军人”，而今离休“一介平民”，务必要永远保持本色，保持晚节，这才能对得起金嵘轩校长的题字教诲！

本文原载《温州通史编纂通讯》二〇一五年第一期。

良师益友铭心田

汤中坚

一九四六年春，我进入温州中学初中部读书。一进校门，横匾上“道义之门”四字便呈现在眼前，当时因年纪小而不甚解其意，内心却为之一震。

校长金嵘轩先生，中等身材，清瘦的脸，炯炯目光，和蔼可亲。他虽和学生接触不多，可在晨操后，常对学生讲几句话，勉励我们勤学苦练。初中毕业时美术老师指导我们自制一本留念册，金校长曾在我的册子第一页写上“向尔弥坚”四个刚劲有力的毛笔字，取我名中“坚”字，勉励我要更加坚强。一九四九年春我离开母校，直至一九五七年春省委召开宣传会议时，在赴杭的汽车上巧遇金校长，当时我真激动，他非常亲切地说还记得我。

金校长那时已是六十高龄的学界宿耆，连专员、司令都对他毕恭毕敬。而我还是个十六岁的小子，他竟称“学棣”（学弟之意），金老是那么博大，又那么谦虚。不像有些人有了一点名誉地位就摆架子。这张条幅我后来拿到府前街糊裱成对联，一直悬挂在我家的中堂，作为我的座右铭，以此来鞭策自己，还教育我的子女也要谦虚勤俭。

温中初中部毕业后，我去永嘉中学读高中，那时还未解放。有一位同乡家中很困难，口粮也交不起，我家是个中等种田户，口粮不缺，叫他和我同住同吃。解放后，我去乡村当了一名小学教师。三年自然灾害，我的同事中也有缺口粮，我就请他来与我同吃。有些学生家中困难，缴不起学费，中途想停学。我总是三番五次登门动员，代他们缴了学费，让他们念完小学。这些都应归功于母校师长尤其是金嵘轩校长的师德熏陶所至。

金校长离开我们已经三十多年了，可是他的高尚风范永远长留在我们心中。

本文原载《温州教育》一九九八年增刊。

怀念恩师金嵘轩先生

徐世田

先师金公嵘轩离世已整整廿载，其音容笑貌无时不萦绕脑际，其高风亮节永铭心田！

一九四八年冬以来，在国民党统治区，物价飞涨，币值暴跌，已成废纸，市场出现“以物易物”的怪现象，城镇用黄金、银元、棉纱，农村则以稻谷、大米交换东西。故此，同学去学校读书都必须交缴大米（折谷）作学杂费和膳费。

一九四九年上学期是我在温中就读的最后一个学期。我从老家文成的西坑起身背上十多斤大米，徒步跋山涉水经过青田，行程三百多华里到达温州。一个贫苦农家子弟，家里除父兄辛勤劳动，还要节衣缩食才能勉强供应几百斤稻谷外，哪有金、银让我缴学费呢?我到校将此困难情况先向班主任郑虔老师反映，后再直接面陈尊敬的金校长。他老人家不忍眼看我就这样辍学，结果同意我先注册入学读完初中最后一个学期。

虽然我才疏学浅，能力又差，对人民没有什么贡献，但我毅然决然仿效金老先生走从事人民教育的道路，学习他关心学生疾苦，处处为学生着想的崇高师德，仿效恩师为人的高贵品质于万一，就算是没有辜负他老人家的栽培了。

一九八七年五月三十日于文成县教育委员会办公室

本文选自《瓣香集》，温州市金嵘轩先生诞辰百周年纪念筹备委员会一九八七年编印。

爱生如子的金嵘轩先生

王贵森

一九四七年秋季，我考入当时的浙江省立温州中学，恰值金公嵘轩任校长。我与他的孙儿金恒昀是同班同学，故有幸常去金公办公室聆听教诲，受益匪浅。

不幸的是，我刚读完一年，就因家境贫寒被迫辍学。为此我写信给金公，汇报停学的原因。公务繁忙的金校长不仅亲笔给我回信，还用宣纸寄赠挂联，上面写的是“学如登高贵艰苦，不惟功名是学问”，还签名盖章。这封信与挂联，我一直作为珍品保存着，不幸在“文革”中被当作“四旧”毁掉了。殊为可惜。

休学后，我一直以金公赠句为座右铭，发奋自学，先修完初中至高中的语文，又通读中医学院统编教材，使我初步踏上医学阶梯。三十多年来，我利用业余时间撰写了百多篇学术论文，在二十一种省及全国性杂志发表，其中有二篇分别评为省优秀论文与市优秀论文。十一届三中全会后，又分别与浙江医科大学、浙江中医学院、重庆中医研究所等单位的专家、教授合编了《怎样自学中医》《家庭良方》《温病条辨自学指导》《内病外治》《头痛的辨证与治疗》《中药名故事》等六册书，计五十余万字，分别由人民卫生出版社、浙江科技出版社、四川科技出版社、西南师范大学出版社等出版，发行量达三十余万册。去年还被评为省级职工读书活动积极分子。

饮水思源，我这个只读过一年初中的失学者，之所以能翰墨耕耘三十年，写出百余万字的中医学作品，与金公对我的鼓励是完全分不开的。在金公诞辰百周年暨逝世二十周年的日子，我决心继续以“学如登高贵艰苦，不惟功名是学问”为处世格言，潜心医学教育，并以此金言教育学生，遵循金公遗言，培养自己成为有用之才，以报答金公爱生如子的教诲之恩。

本文选自《瓣香集》，温州市金嵘轩先生诞辰百周年纪念筹备委员会一九八七年编印。

“鹏程万里”催我奋飞
——怀念金校长

姜嘉锵

一九五一年秋天，正值初中毕业前夕。同学们都处在接受祖国挑选的激动之中，不少同学拿着纪念册请校长题字。我当时仅十五岁，是一个淘气的孩子，看到大家从校长那里得到“墨宝”，不觉也产生了一个朦胧的念头：如果在我这本小小的纪念册上，有了校长的题字，那该多么荣耀啊！一天上午，我怀着惴惴不安的心情，走进了校长室，只见金校长端坐在办公桌前批阅文件，他那稀疏的头发、发光的前额，像是聚集着无尽的才智。我上前恭恭敬敬地行了个礼，结结巴巴地叙说了来意。不料校长露出了慈祥的笑容，微微点头，接过我的小册子，写下了几个遒劲的字体：

嘉锵学棣：

鹏程万里！

金嵘轩题

“棣”是“弟”的书面语。德高望重、年届古稀的老人，竟然称我这个无知的学生为“学棣”，这怎么经受得起，“鹏程万里”的勉励之词，更叫我惭愧不已。我这个羽毛未丰的孩子，将来能“鹏程万里”吗?我只能暗暗下决心，以这四个字来鞭策自己。

我怀揣这本小册子，离开了母校。以后相继进入功课负重如山的温州工业学校、杭州化工学校受业。毕业后又到了大连化工厂，开始在化工战线上拼搏。在短短的时间里一边读夜大学，一边获得了技术职称。

一九五六年，在我的人生道路上，产生了大转机，改行走上了文艺道路。一九五七年，我参加了世界青年联欢节。当我领唱的《茶山谣》获得金质奖章的时候，我热泪盈眶。我意识到我在“鹏程万里”的鞭策下，开始奋飞。

三十年来，我在白手起家的民族声乐事业上，为创建中华民族声乐学派，作出了自己应有的努力，祖国人民给了我不少荣誉，我都视作给我添加奋飞的力量。

而今，每当我的歌声为全国人民所喜爱，为国际文化交流作出贡献时，总是想起金校长给我的勉励“鹏程万里”。

“天高任鸟飞”，我处于振兴中华的辉煌时代，要把取得的成果作为继续奋飞的动力。

本文选自《瓣香集》，温州市金嵘轩先生诞辰百周年纪念筹备委员会一九八七年编印。

金嵘轩先生之为人

金振伦

一九八七年为我市著名教育家金嵘轩公的一百周年诞辰。温州市为他出纪念集——《瓣香集》。当时,我本拟写纪念文章,后因知道消息时间过迟而未果，一直耿耿于怀，今特写此稿以了夙愿。

金嵘轩公，按金氏排行，为“希”字行，故原名金希桐，字桐熙。我是他的族曾孙，故一直称他为“桐熙太”。他学名金嵘轩，可能系采桐熙谐音。我儿时即认识他，一九五二年下半年至一九五三年上半年就读于温州中学高中部，他又是我的校长。我对他印象最深的，是他的为人。正如温中一位教我历史的老师王祥弟先生说的:“金校长最使人敬仰的是他的为人。”关于他的为人，根据自己接触或听闻，回忆如下:

关心人民疾苦，为贫苦群众公益而出力。建国前，广大贫下中农处在水深火热的贫困境地，每到青黄不接之时，吃不到粮食，而地主、奸商则将粮食囤积居奇，使谷价猛涨。这时,他以他的声望、地位出面召集当地富户商量，叫他们捐输稻谷，以平价粜给贫苦群众，使穷人能生活下去。当地贫苦群众对他非常感德。

大约是一九四七年，他的故乡林垟镇霍乱流行，他的两个儿子（金志庄、金志纯）正在林垟开私人诊所（“万全医院”）。他就叫他的两个儿子在寺庄垟殿办隔离病院，收治贫苦群众的霍乱患者。这样，既解决穷人就医难，又使病人得到隔离，减少传染源的播散，使疫情得以减弱。这件事也一直在群众中称颂。

一九四六年，因划龙舟而引起林垟和阁巷两地的纠纷，在土豪劣绅的操纵下，要进行两地的大规模械斗。金公闻讯后，立即从温回来召集两地绅士进行调解。由于他的威望和公正，纠纷得到调解，一场将会死伤许多人、毁坏很多财产的一引即发的大规模械斗得到消除。两地群众无不称谢金公之功德。

献身教育事业，为教育事业而鞠躬尽瘁。记得在他做六十岁寿时，有一块寿匾由平阳著名书法家杨悌写的，题字为“化育后昆”，正好说明他奋斗一生的业绩。听说他曾认为学医和教育是直接造福人民的事。他本想去日本学医，后录取在高等师范大学，故一生从事教育事业。他回家乡经常为林垟小学出面向地富阶级捐募造校资金。林垟小学有一幢教室是在他出面捐募下建造的。一九三〇年，他因教师薪金一时无着落，他就回家卖田。当地群众说“八孚相（林垟一位乡绅）办学回家买田，桐熙相办学回家卖田”。这是何等鲜明的对比。他对教育事业的忠心于此可见一斑。

不以权谋私。金公突出的一点是从不以权谋私，我国著名考古学家夏鼐的一篇回忆文章中曾提及，金公哲嗣金志庄在小学五年级时，本可和他一起跳级升入温中初中部。由于金公当时任温中校长，恐涉以权谋私嫌疑而不准志庄跳级报考温中。我记得我的一位小学同学，也是我的族兄金振洲（现为云南大学教授）在温中读初一时，因日寇轰炸温州而返里，未参加期终考试。金振洲的父亲要求金公给振洲照旧升级而不允。他并不因振州父亲是同族且又是当地绅士而有所照顾。我在读温高时，助学金为乙助，故开学时还要交一些学费。当我交不出学费向他求助时，他即写条子给总务科将我需交学费由他工资中扣除。他没有利用职权以提高我的助学金等级来解决我的学费，而宁愿自己掏腰包。

爱惜人才，帮助革命学生。金公因是从事教育工作的，故非常懂得爱惜人才。对一些贫而有才能的学生经常自己掏腰包周济他们。对一些参加地下革命活动的学生都暗中给予帮助，支持他们的革命活动。故建国前学潮经常有反对校长的，但他出任过好几所中学校长，在他出任校长的学校从未出现过学生反对校长的事件。由此亦可见他是支持革命的，是受学生爱戴的。据说温州地区最早的革命家之一金贯真就是他任温中校长时的温中学生，金贯真这个名字也是他改的。在爱惜人才上，我的体会也很深刻。前文已提及他济助我解决学费，当时我以为是他出于宗族观念而周济我。后来我才知他认为我只读过初中一年级（瑞安简易师范读一年），就因家贫长期失学，建国后能经过自学考取同等学力升入温中高三跳级四年，不是一件易事。他是从爱护人才出发而给我经济帮助，而非出于宗族观念。

平易近人，以礼对待穷苦人民。他的平易近人最为当地群众所赞许。旧社会地位等级观念较强，轻视劳动人民，是地主、官僚、知识阶级普遍存在的现象。但他却不是这样，他平易近人，平等对待贫苦群众。一些脚穿蒲鞋的人在他门口不敢进去时，他总是非常客气地请他们进去，以平等的态度对待他们。故我儿时经常听到群众对这方面的称赞之语，群众不是畏他而是真心敬他。像这样受到群众的衷心爱戴，在我地乡绅中是绝无仅有的。

本文选自《瑞安文史资料》第八辑，瑞安市政协文史委员会一九九〇年编印。

累世通家念师恩

陈汉鼎

一九五三年春，我正读温高三年级。一次，周老师指导我们做化学实验。由于没有把酒精喷灯检查过，以致我和同组的尚礼同学做“试管烧结”实验时，酒精喷灯突然爆炸，火焰满室。我当场被烧成重伤，在地上打滚，水泡满脸，痛不可忍。后经工人医院抢救才脱险。当时我们敬爱的金校长带领有关师长来医院看望我，并亲切地安慰我。第二天早晨，当我醒来时，发现床头的台子上有一包饼干和一瓶牛奶。当下我惊问护士：“这些东西是哪里来的?”护士说：“这是你们的好校长金先生亲自要我医院特地为你订购的。”“啊！一瓶牛奶！一瓶牛奶！”当时我激动得说不出话来，滴滴热泪，立即夺眶而出。感激之情，一时真无法形容。一转身，我抱被呜咽，痛哭失声。我老早就听说我们尊敬的金校长一贯关怀贫困的学生。今天却料不到竟轮到了我自己的头上，这怎么不令我感激呢?重病自然需要营养。可是我家生活困难，我在高中几年艰苦学习，都是申请助学金和减免费的，哪里有钱购买补品。呵！慈祥的金校长赠送给我的不仅仅只是他老人家用自己辛勤劳动所得而换来的牛奶和饼干，也是他老人家一片慈爱的心意。我永远忘记不了他的恩情。

金校长非常重视师资质量，多方延聘名师，当年著名的优秀地理教师陈铎民老师就是其中之一。国际著名的地理学家和生态学家陈正祥博士是我的胞兄，他就是陈老师的得意门生。他曾担任过国际能源委员会主任、欧洲能源委员会主席、国际研究中国委员会主席等职，现被日本东京大学聘任为特级教授，到一九八〇年为止，他已用中、英、日、德四种文字在亚洲、美洲、欧洲和大洋洲发表过四百多种著作。我胞兄在由金老先生担任过校长的浙江省立温州中学念过书，他为母校和祖国在国际上争来了学术荣誉。

“四人帮”被粉碎后，温中又新生了，继承优秀校风的新一代出现了。几年前母校所培养出来的高才生陈大岳是我的外甥，他念高一时曾荣获全国中学生数学竞赛第二名，现留美深造，攻读博士研究生。我的另一个外甥、大岳的弟弟大彤从温中毕业后，考入复旦大学，他的学习成绩也不在他哥哥大岳之下。这是我们家族成员受惠于金校长的遗爱教泽的又一个例子。

其实，我们金、陈两家世代友好，关系不同一般，家严陈敷明先生就是金老先生的学生和亲密的同事，也是温中出身的。大哥正祥、二哥汉铎（高级工程师）、二姊次青、妹夫陈桂兰和我以及外甥陈大岳、大彤兄弟都是温中出来的，是母校三代相连的校友。而我自己和金公的哲嗣金志庄、志纯两位医师以及与我曾同窗共砚的金公孙儿恒昀、恒亮兄弟都一贯情谊深长。我家和金校长一家，真可谓是累世通家。现在金老校长虽然离开人间已经整整二十年了，但他那为教育事业而尽瘁一生的崇高形象将永远活在我们家族成员的心中。我们要继承他的遗志，发扬他的热爱教育、热爱祖国的崇高精神，为振兴中华而奋勇拼搏。

本文选自《瓣香集》，温州市金嵘轩先生诞辰百周年纪念筹备委员会一九八七年编印。

两次会见金校长

王光伦

金校长离开我们已经二十年了，但他的高尚品德、和蔼可亲的形象却永远留在我们心中。

我在温中读书期间和以后，曾有两次得到金校长的教诲，永志难忘。

一九五五年春天，学校里掀起尊师运动，当时我在学生会黑板报编辑部工作，与几位同学走访了金校长。校长在他卧室隔壁的会客室里接见我们，他的会客室不大，陈设很简朴，一张长方形杉木桌子，几把杉木椅子。桌子当中一个盘子，其中放着七八个茶杯，用洁白的纱布盖着。会客室给人的印象是整洁、清静。

校长微笑着，招呼我们，我们围着桌子在他身旁坐下。虽然校长从无疾言厉色，总是微笑着，但我们这几位小青年在一位德高望重的长者面前，难免有点拘束。他看出来了，即主动说话，以“缓和”气氛，他说：“好久没有和同学坐在一起说话了，今天大家来坐在我身边说话，感到非常高兴。”“身边”二字使我们顿感亲切，这样，“话匣子”就打开了。我们请校长谈谈他年轻时的求学情况。他稍事思索，即侃侃而谈，说:“我像你们这样岁数时，中华民族正处灾难深重时刻，外侮内患，政府腐败。有志之士纷纷出洋，寻求真理，以救中华。”说到这里，他容光焕发，好像回到了青年时代。金校长年轻时，是为了立志教育、传输文明、启发人们觉悟而东渡日本的，一到日本就去读师范，他说:“就这样，我吃上了教书的饭。”

我们在轻松的气氛中交谈，谈及各个方面。在我们的请求下，他谈了锻炼身体的情况，说在日本读书时，外国人讥笑我们中国人为“东亚病夫”，为了给中国人争气，立志锻炼身体。我们说:“看见您天天练太极拳,但不知是否还坚持冷水浴?”他微微一笑:“岁数大了，只好每天洗个温水澡。”的确这样，校长坚持身体锻炼，几十年如一日，当时他已年近古稀，仍然满面红光，步履轻快。当他知道我的健康状况不好时，就安慰我:“不要紧的，你们处在成长时期，只要注意一下锻炼身体，会好起来的。但不要操之过急，要持之以恒。”校长的这几句话，对我影响很大，我从此开始锻炼身体，走上健康的道路。这年的暑假，我回乐清看望初中时的老师郑空性先生，说起金校长的这几句话，他也说:“嵘轩先生是身体力行，健身已有成效。遵其言，仿其法，必将受益。”遵照校长的教导去做，我的身体果然慢慢地好起来了。直到现在，校长的“不要操之过急，要持之以恒”的教导，一直在鼓励我坚持锻炼。

我第二次和校长交谈是在一九六一年春天，当时我还在杭州读书。因为学校临近玉泉植物园，我们常到树荫之下，花丛之中，绿茵之上复习功课。一天，我又去植物园，在前面的草坪上，一位老人在散步，仔细一看是金校长，我连忙跑上前去向他问好，说了自己的名字。他先是一怔，若有所忆，然后说："在一中时，我们谈过话。"我说："是的，在六年前的春天。"他微笑着问我："现在身体好了吗？"我说："照您说的坚持锻炼，好了。"他又微微一笑，点点头，拍拍我的肩膀，又问了我所学的专业、学习情况，等等，我都一一作了回答。他很高兴，微笑着，看着我，好像一位园丁在赞赏他所栽培的小树苗，说："读书也要持之以恒，国家建设需要你们。"校长一生从事教育，他所求的是为国家造就建设人才。

原先我以为金校长是来杭州开会的，后来才知道是来看病的，住在××医院。他约我到医院去看看。过了几天我和另一位老同学前往，但××医院制度很严，没有进去，很是遗憾。谁知道玉泉植物园的会见竟是与金校长最后的一面！没有到××医院看望他，我感到很内疚，每当想起这件事，总觉得对不起他老人家。

今值纪念校长诞辰一百周年之际，谨以这篇小文，略表饮水思源之情。

一九八七年五月七日夜于北京

本文选自《瓣香集》，温州市金嵘轩先生诞辰百周年纪念筹备委员会一九八七年编印。

难忘的岁月

倪新铮

一九五一年春，我和二哥倪若水、三哥倪成勋三兄弟一起考上了浙江省立温州中学（温一中），开始了我的中学生活。那时，家境困难，出身又不好，上学真是难上难，在这关键时刻，在金嵘轩校长和一中老师关怀下，给我们兄弟三人助学金，使我们得以有上学的机会，这是我们永生难忘的。在学校，我们亲自领受金校长和一中老师的教诲。那时学校不仅在智力教育方面有一套成熟的方法，而且注重德育，注重社会实践。当时，我们少先队员经常走出校门，组成小组，在业余时间或假期帮助烈士军属做好事。老师对学生关怀爱护，严格要求。记得我们多次因交不出伙食费面临断炊时，总务主任郑虎先生总是细心地了解情况，尽可能地帮助我们渡过难关，接上伙。那时，学生中有一股勤奋学习、发愤图强、争做国家有用之才的劲头。记得每当晚上夜自修，教室中是那么肃静，以致你抬头看到周围同学都专注于学习的神态，一种无形力量促使你集中精力学习。“怀籀亭边勤讲诵，中山精舍坐春风”，真实地反映了当时浓厚的学风，这种学风也为我们今后的学习打下扎实的基础。

几十年过去，每当我回忆起温一中时的生活，金嵘轩先生慈祥的面孔，一中老师对教育事业的耿耿忠心以及我们同窗学友克服种种难关、勤奋学习的场面浮在脑海，留恋、感激之情由此而起。难忘的岁月，难忘的友情。愿温一中在改革浪潮中办得更好。

本文选自《温州教育》一九九八年增刊。

金嵘轩校长是一位伟大的教育家

程万钦

金校长是浙江瑞安林垟人，我有幸与金先生是邻里同乡，又是先生任温州中学（下简称温中）校长时的学生。由于年龄的差异，对先生生平知之甚少，仅举几件与先生接触过的事情，看先生做人做事的品德和教育思想的点滴。

一、先生教育思想的核心是爱国爱人民

先生出生在一八八七年，青少年时代正是帝国主义列强欺凌掠夺清王朝的时代，后又长期生活在军阀混战、国民党腐败统治和日本侵略中国的年代，亲眼看到国破山河碎，亲耳听到民不聊生的大众嗟伤。作为热血青年，作为爱国志士，先生何去何为呢?先生抱着以教育救国的思想先赴日本就读，后回国转向教育救国，为了国家的独立，为了人民的富强，决心提高国民素质，提高国民的科学文化技术水平以振兴国家。教育救

国，倾尽先生毕生精力和财力，听说先生曾数次变卖家产以资濒危的学校，使教工工资得以维持，使学生学业得以持续，也听说先生奔波闽浙时曾在汽车上遇险，后幸而脱险，结果伤了一只耳朵。在那贪官污吏比比皆是的旧中国，有几人能像先生那样变卖家产以资教育，有几人能像先生那样不顾生死，以教育救国家和振兴民族呢?!

二、先生教育思想的目标是科技兴国

先生一生从事教育，身体力行，亲自当教师当校长并发挥教师集体的力量，培养了无数年轻学子，提高了他们的思想文化素质，提高了他们的科学技术水平，提高了他们认识世界改造世界的能力。他们的足迹，遍布海内外，据北京、天津一九九二年印发的温中校友通讯录不完全记录，在京津共有三百三十一人，他们中，有的在中央国家机关，有的在大中院校，有的在社会团体和各类科学院，有机关领导人，有教授专家，有社会名流，也有教师、医生、公务员，都是社会栋梁和国家精英，为人民为国家创造物质财富和精神财富，这就是科技兴国、教育为本的结果。人是最活跃、最革命的生产力！但人需要智力开发，成为有理想有科学文化知识的劳动者。劳动者的思想文化素质越高，社会生产水平也就越高，这就是办教育对科技兴国的重要意义。

三、先生是个有才干的教育家

先生任温中校长期间，团结了一大批学有造诣、教有专长的名师，把温中管理得在省内与杭州中学、宁波中学齐名，地区内各校中名列前茅。师生们热爱温中，为自己能成为温中师生而自豪。外校学生也羡慕温中，把考取温中作为他们的目标。温中有首有名的校歌，“雁山云影，瓯海潮淙，怀籀亭边勤讲诵……”反映了温中勤奋好学的学风。到一九五四年，温中成为一年内能培养出十二个高中班级、五百名高中毕业生的这般规模的高级中学，堪见先生的校长才干和教育业绩。

四、先生做人做事、品德风范，堪为后人楷模

一九四七年秋，我是一个十三岁乡下孩子，到温州投考温中，金校长知道我投考期间吃住有困难，便安排我在校内吃住，使我安心投考，结果考上了温中初中一年级。我与先生非亲非故，只是一个考生，帮助我解决困难。此事过去了五十年，仍历历在目啊！

我在温中只上了一学期，便因经济困难失学了。一九五二年春，失学四年后，我到温中找先生要求复学，并叙述家中经济困难不同意复学。一周后，先生亲自来信，说经学校研究，同意复学并给以甲种人民助学金，以助学习，使我得到了上学

的机会。一个中学校长对一个失学学生的请求竟这般重视，这般认真，并且亲自来信，真是出我意料之外，使我改变了人生道路，也使我一生一世铭记先生恩德，感激一辈子。

一九六四年我因父母年老多病，弟妹年幼，无人照顾，想从北京调入温州工作。当时，先生已离开温中，任温州市副市长，主管文教卫生等项工作，因此我写信请先生帮助我调回温州任教。先生接信后又亲自给我复信，内容如下："万钦学棣：四月间接你先后寄给我的两封信，谈你申请调回温州市工作已有了一定的头绪。日前曾为此事向市内有关部门了解一下，知教育局负责同志已有意为你安排。不过前后还要照规定手续……即问你好，余不一一。"先生是副市长，日理万机，对一个平民百姓的来信，这般重视，这般认真，亲自与温州市教育局局长联系我的调动工作，亲自复信且教育我要按照规定手续，正确对待。因种种原因调动工作虽未如愿，但先生的做人做事的态度，堪为后人楷模。

爱国爱人民不是抽象的，先生热爱学生，帮助学生，正是先生爱国爱人民这种教育思想具体体现；先生教育、培养、帮助过无数学生，使他们成为有理想、有文化的劳动者，正是先生教育思想的具体写照；先生帮助我入学、复学，帮助我调动工作，正是反映了先生一贯的爱国爱人民的教育思想和先生做人做事一贯认真负责的精神和美德。

总之，金先生是一位伟大的教育家，是一位在教育战线上对国家对民族作出杰出贡献的教育家，是一位万人敬仰的品德风范为人师表的教育家。

本文原载《温州教育》一九九八年增刊。

金嵘轩先生在浙江省地方自治专修学校

杨燕廷

一九二八年夏，浙江省政府民政厅按照孙中山先生所制订的《建国大纲》的规定“训政时期以县为自治单位，政府当派曾经训练考试及格人员，到各县协助人民筹备自治”，创办了地方自治专修学校，借以培养人员，协助各县筹备地方自治。

朱家骅自兼校长，聘请马巽伯先生为教育长（按：马氏曾在日本庆应大学攻读经济，朱家骅离浙后，马任校长），聘金嵘轩先生任教务主任（金留日专攻教育），马金两先生共同拟订教育大纲设计方案，推金先生执笔。

学校向全省各县招收中学青年六七百人，进行训练培养，培训方法采取课堂教学与下农村教学实践相结合的方法。具体进行分三个阶段。一、前期一年，进行各科基础知识教学；二、中期一二年，凡学生前期成绩考试及格者，分派至各县担任实习区长或巡回协助员；三、后期一年，再进行知识教育，以提高理论水平；并在学校所设实验部，进行农业实践教学、社会调查与农村教育实验。

对于地方自治人员的培训，本可草拟一个以政法课程为主的训练班，记得当时江苏省为筹备自治训练人员，就办了区长训练所。金先生深知当时中国是个经济和文化十分落后的半殖民地国家，尤其是在农村，农民受地主剥削，既贫困又无知识，农业生产粗放，为农村贫窘的根源。为此尽心擘划，要教育好青年分赴农村，担负起教育农民发展生产、逐步摆脱贫窘愚昧的任务。所以，金先生办学，力主以农业课程为重心，针对农村工作人员所需要的知识大胆设想，分为两大类。其一，农业教学课程：农作物学、农业经营、土壤肥料、防治病虫害、蚕桑学、园艺学。其二，财经法制学课程：教育概论、乡村教育、户口调查、土地测量、合作概论、经济学、统计学、现行法令、法学通论、公共卫生、应用文、注音符号、修身。以上两类，以农业为主，政法为辅，两者都是必修之课，有相辅相成的作用。

金先生为贯彻他所设计的教育方案，物色学有专长之士，担任教授，敦聘童玉民、汤惠荪、葛敬铭、王益滔、杨开渠、吴耕民、蔡邦华等为农业教授；聘吴岐、刘经旺、沙俊、邓兴隆、范扬、易希亮、叶木青、章锐初为政法教授。由于马巽伯、金嵘轩两先生早年都曾在日本留学，深知日本农业和社会科学都比较先进，所聘教授多为日本留学之士，人才济济，皆一时之选。

一九三一年，在杭州市郊留下筹设实验部，有山地水田数百亩，建造相应的教学用屋，安排后期学生参加水稻、麦豆蔬菜等种植劳动，由杨开渠教授任导师。又分派学生进行社会调查，担任农村小学教师，由章锐初教授任导师。

金先生安排的地方自治学校的教材，以农业科学为中心，并采取课堂教学与实践试验相结合的教育方法，把课本知识教活了，这是金先生在教育理论上的创造。

金先生从地方自治学校一九二八年开办到一九三四年结束，前后时间长达七年之久。他作为教导主任，团结教职员，竭尽全力，一心想把各县所选拔来的青年培养成为改造农村的人才，对地方自治的筹备起了一定的作用，得到当时有识之士的赞许。倘若先生生逢今天在中国共产党十一届三中全会制定的方针政策指引下实行改革开放的盛世，相信先生必能大展教育家的宏才，为两个文明建设作出更大的贡献。

本文选自《瓣香集》，温州市金嵘轩先生诞辰百周年纪念筹备委员会一九八七年编印。

诲人不倦的金嵘轩老师

郑佑光

一九三一年下半年起，我开始在浙江省立杭州师范附设县师师资科读书，当时金嵘轩老师系任浙江省教育厅第三科科长而来我班兼授日语课的。

一天，金老师下课时，我向他递了一张字条，提出一个日语学习上的问题，希望他于下一堂课予以讲解。他拿起字条一看，笑嘻嘻地说："你提的这个问题已大大超过教材的要求，让我另找时间个别和你谈吧！你假使还有其他方面的问题，届时也可以一并提出，希准备一下！"

事隔一周，果然，下一次他上完课，马上叫我带着日语课本（武进蒋君辉著《现代日语》）跟他往教务处坐下，然后把我提出的问题，联系课文，深入浅出地加以讲解。我一听，大有触类旁通之感，能对答如流。兴之所至，我就大胆乘机把预备好的另一些问题一一提出，他就通过课文逐一加以解答。在解答中，他强调，学外语，不能不多读，多读就能通过听觉巩固了“感应结”，加强了记忆，多读了，也正是创造会话的条件，通向生活了，等等。临走时，他还吩咐我：以后有什么学习上的困难，随时告我！

从此，我就抓紧在每周的两三个早晨专读日语课本，与此同时，又半开玩笑地和几个同学多多做日语会话。如此日复一日，等到期末考试，我的日语成绩居然得了九十四分而名列前茅，我喜而难寐。这就成为我后来爱钻研日语的缘由。

金嵘轩老师给我的深刻印象是：他是一位慈祥的长者和诲人不倦的老师。

一九八七年六月三日于承德市

本文选自《瓣香集》，温州市金嵘轩先生诞辰百周年纪念筹备委员会一九八七年编印。

金老终生是我师

陈纪业

金师忠诚于党的教育事业、为祖国培养人才而贡献一切的崇高精神和敦品励行、为人师表的模范行为，永远是我学习的榜样。在他的卓越事迹和高尚品格的陶冶、激励下，我在祖国群芳园圃里当了一辈子的园丁。自愧对人民的贡献菲薄，然像比拟母爱的春晖寸草心，总是热切地向往、怀念着他，牢记着他的教诲。“金老终生是我师”，诚非虚语，我曾从以下三方面获得了教益。

一、金师毁产兴学、献身教育的崇高精神，坚定了我毕生从事教育的信念。

一九三三年八月黄溯初先生捐助平阳郑楼小学校产兴办温州师范时，我进校学习。从简师部到普师部，在郑楼逗留了六七年，毕业后又曾留在温师附小任教。由于久受师范教育的熏陶，特别是亲聆金嵘轩老师的教诲与受他毁产办学事迹和高尚品格的感召和鼓励，对“许身孺子”的职业产生了兴趣，使我确立和坚定了终身从事教育的志向和信念。金师系瑞安林垟人，与郑楼是邻村。我在温师附小林垟分部教育实习时，屡闻乡人讲述金老在军阀统治时期任省立十中校长，因教育经费无着落，毅然变卖家财田产偿还校债的事迹。社会舆论真是有口皆碑，我感到由衷的敬佩。恰巧那时金老从福建省立师范假期回温，途中遇车祸受伤在乡疗养，因留温师任教。我庆幸能获得衷心景仰的名师教导，上课听讲也特别留心。金师在校担任推广教育处指导兼教育教师，他教学用的课本《乡村教育与民众教育》是他自己编著的。讲课逻辑性强，提纲挈领，笔记起来很方便，在耳濡目染中培养了当教师的志趣。当时温师推广社会教育，在附近乡村办了几所民众夜校。记得我曾在倪垟民众夜校教过国语，采用陶行知编的《老少通》课本。白天在校学习，晚间出去任教，倒饶有趣味，颇爱上这一行业。抗日期间社会动荡不安，温州三度沦陷敌手，在颠沛流离中，我仓皇考取了高等学校，读的不是教育专业，毕业后被分配搞了四个月的财税工作，因志趣不合感到莫大苦恼。幸亏温师母校周老师介绍我到永嘉师范任教，从此又回到教育岗位上来。解放后金师仍蝉联温州中学校长，我转入该校任教，在他的直接领导教育下，我当教师的专业思想更坚定了，直到退休后仍继续在市教师进修学院教了五六年书。回顾自己一生能坚持教育岗位四十多年，这与金师的教导启发和精神鼓舞是分不开的。

二、金师公而忘私、言传身教的模范行为，鼓舞了我力求当好人民教师的愿望。

金老献身教育事业，大公无私、身体力行的事例很多。解放前我在永嘉师范任教时，金师正再度担任省立温州中学校长。他被当时城区公私中学和职业学校校长联合会推举为主席，常能设身处地替人家学校着想。他十分关怀桑梓师范教育，为了照顾永师师资不足，推己及人，同意陈铎民、郑允平、张楷、虞明素等温中老教师来永师兼课，俾该校学生能获得良师教导，以提高未来小学师资素质。他非常重视学生素质，温中招生一贯坚持择优录取的原则，秉公办理。他在第一次主持校政时就曾有过不同意儿子跳级报考温中的事。在他的带动影响下，温中形成了认真、严肃、秉公办理招生工作的好传统。老职员徐琳生写得一手好字，每年招生，都是他写榜的。他儿子徐启发考取公费生第一名，他到写榜时才知道。这在社会上曾被传为佳话。当时我担任永师教务主任，目睹耳闻这些事，深深为金师这种公而忘私的精神品质所感染，对自己的职责要求也更严格了。

三、金师毕生练拳洗浴、坚持身体锻炼的毅力，激勉了我长期向他学习的意志。

我在温师求学时，就听说金师早年在日本留学期间，经常练习拳术和气功，每天洗冷水浴，即使在严冬也从不中辍，回国后仍坚持锻炼到老。听后不禁肃然起敬，就下决心向他学习。在当教师的最初三年，也能坚持洗冷水浴；抗日期间在温州跟武术师范亚夫、蒋幼山学习太极拳和气功。我想金师之所以体魄强健，精神矍铄，主要由于平日坚持锻炼的结果，这是意志力特别坚强的表现。要不是暮年受“四人帮”的迫害折磨，一定更会长寿。缅怀往事，感慨万端。因献小诗一律，聊抒景仰怀念之情——

金老终生是我师，文章道德百年规。
长怀瓯海飞云日，每记春风化雨时。
爱国护生人共仰，毁家纾难口皆碑。
九山湖畔苍松立，凭吊亭前有所思。

本文选自《瓣香集》，温州市金嵘轩先生诞辰百周年纪念筹备委员会一九八七年编印。

我所认识的嵘轩先生

黄礼芳

今年是金嵘轩先生诞辰百十周年。回顾往事，我前半生与先生的密切交往中，亲蒙教导，得益良多。现将有关与先生的交往情况通过回忆记录下来，向纪念活动作献礼；并聊表一个后生晚辈对先生的诚挚缅怀之情。

一

先生原籍瑞安市林垟镇，与我家乡郑楼相隔步行只消二十分钟。小时候便听到家乡父老讲起："林垟街有个金嵘轩，早年留学日本，学问好，人品好，为人正派，待人和气。"然而，我与先生的直接交往开始是三十年代后期。

那时，抗日战争刚爆发，我还在省立温州师范读书。嵘轩先生是我的老师。他教的一门课程叫《农村教育与乡村建设》。先生是中等身材，衣着朴素，仪容端庄，上课时讲一口带浓重乡音的普通话。那年代，国民党政府在农村强行保甲制度，抓壮丁，催纳粮，很少把“教育”二字放在心中。可先生总是竭力主张建设乡村必须注重农村教育，扫除文盲，普及国民义务教育。在先生倡导下，学校成立了“流动施教团”，我经常随施教团到附近农村——倪垟张家阁的农民夜校上课，夜课完毕，农民留我们吃罢夜点心，然后提着灯笼送我们回校。我把这一情形对先生讲了，先生就说:“以后夜校继续办，点心就不吃了。”“流动施教团”还到郑楼及附近农村下里、黄店、河边前后岸办妇女识字班。一次傍晚，我在路上遇到先生，先生亲切地对我说:“识字班这时结束刚刚好，迟了老妈妈要煮饭，不要耽误农民正常生活。”还说:“师范生，师范生，上午当学生，下午当先生，边学边教便是师范生!”先生说完笑了。

一九四〇年秋，我温师毕业，被学校推荐到平阳城里一所中心小学当校长。正待走马上任，一天，学校转达县教育科通知要我到县里去接头。接待我的是县教育科科长，后来县长的秘书也来了。教育科长将我介绍给秘书之后，这位秘书开头把我夸奖一番，说我是温师高才生，又是本地人，接着便转弯抹角托出本题——要我交党团身份证证明书才能办发委任令。说罢就走开了。我对教育科长说:“我没有参加国民党，连三青团员也不是，怎么办?”科长很为难地说:“那不好办!”到此，我便回来了，出校门第一次谋职就碰钉子，心中好不舒服。

我把这一情形告诉了嵘轩先生。先生听罢，摆摆手说:“现在就是这种风气！当一个小学校长又何必！”

那年下半年，我到温州城内一所小学当教员。学期快结束了，校长与我校友张君因玩乒乓球争吵起来，竟用球拍朝张君头部猛击出血。张君要到县法院去控告校长。我只是在旁讲了几句帮校友张君的话。不料，学期结束，我们两个人都被学校“解聘”了。心中非常难过。心想：“读了七年师范，当校长没资格，当教员也不成！”一肚子委屈，就跑到林垟去拜望嵘轩先生。一进门就嚷：悔当初不该读师范。先生问明情况后又连忙摆手：“不好这样讲啊！教师是社会荣誉职业。你既然念了师范，就要把当教师视为终身职业。”先生还说：“路，总归有人走；路，也是人走出来的。”我回来后只得又硬着头皮到另外一个小学继续教了一年。

二

迄今，我还深深记住先生讲的这两句话：“路，总归有人走；路，也是人走出来的。”

但当我接任第二个小学教员不久，又碰到日寇在温州登陆，我的行李铺盖全丢了，更觉前途茫茫。便与几个同乡同学商量一起去报考大学，打算远离家乡，另谋生路。为此事，嵘轩先生曾问过我“考什么学校”，我说“是国立浙江大学龙泉分校的师范学院”，“为什么要考这个师范学院”，我顺口回答“学费全免，按月还发零用金，比教书合算”。先生听了笑了起来：“考学校读书不能说合算不合算，师范毕业再读高等师范，是理论加深，专业加工啊！教育是一门专门学问，值得仔细研究，希望毕业后回家乡办教育。”尽管当初我还不了解其中道理，但先生屡屡告诫，要热爱教育事业，又念念不忘家乡，这在我幼稚心灵深处留下深刻烙印。

这时，抗战已进入非常艰难困苦年代，全国到处是大逃亡，大流血。我们这所设立在浙南山沟里的龙泉分校，实际上是一所流亡大学，论校舍、设备实在算不上是高等学府，师生物质生活又极度困难；但是，就在这座开遍杜鹃花的穷山沟里却汇集了不少专家学者，王季思、夏瞿禅先生都是教我们中国古典文学的名家。我走进大学校门就把这一情形函告嵘轩先生，但信末又附带提及当时教育界一个热门口号，即“让党派退出学校”。先生在回信中写道：“大学原都应该是专家汇集的地方；不仅是大学，中学、小学也应该是一个学术机构，应该由学有专长的人来管事执教。”

抗战胜利后，我正欲重返浙大再修学业，又突发一场大病，只得带着失望心情，拖着疲乏病体返回家乡。一回到郑楼，立即去拜望嵘轩先生。多年不见，先生先问起大学情况，我又详细叙述了在雁荡山教书发生的一系列情形，先生也觉得惊奇，却又讲到“你在大学读书时提过什么党派退出学校问题，这回在雁荡山发生的事情就明白了”。又说：“早年，我也不关心这类问题，认为学了教育就专心办教育，当教师就专心教书，不管党派不党派，现在看办教育不可能不与政治结缘，学校也永远不会是清水衙门啊！”

先生这番谈话，又深深教育了我，我当初年轻无知，更不知道天高地厚，先生的话确是经验之谈。过了几天，先生来到郑楼，又亲临寒舍，一见面就从衣袋中取出一个信封放在桌上，恳切地说：“你开春后就到瑞安中学来教书吧！”

三

一九四六年春节过后，我便在嵘轩先生担任校长的县立瑞安中学担任教员，又兼任县立简易师范教育学课程，心情舒畅，工作顺利。我的宿舍在西岘山庄，每次到简师讲课时总要到先生处弯一弯，坐一坐。到学期快结束一天，嵘轩先生特地通知我去，对我说：“下半年我计划要到台湾去工作了。……现在抗战已结束，日本人已无条件投降，国内时局蛮好；台湾这地方过去几十年由日本人管着，现在接收回来，许多事都得改弦易辙，或另起炉灶。日本人在台湾那一套，早年我大部分都见过。光复后，现在到台湾办教育的一批人，大部分都是我过去在福建工作的老熟人。现在去比较合适。”但到学期结束，却又听说先生下半年要到温州去担任温州中学校长了。先生继长温中后，我也离开瑞中，由先生推荐到永嘉县立中学任教，也兼了建国高级商业职业学校语文课。我又问过先生关于去不去台湾的事，先生只是说“情况变了”，也没有详细说明什么原因。

我到永嘉中学工作后，每次到建国高商去教课回来，总要去探望先生，对去不去台湾之事，我还是问“为什么不去台湾”，先生说“先前我确实想去，据联系下来，听说那边已不是理想要去的地方”。我问“为什么”，他说：“国民党接管了台湾之后，台湾老百姓反映很不好，局面不安定，社会乱得很。既如此，不用去了。”

根据我与先生多年交往，与先生谈话当涉及政治或时局方面问题时，言谈谨慎。当时，抗战取得胜利，人们对国民党政府寄予很大希望，接管了台湾，许多人心目中，到台湾去工作也是一种时尚。但先生处事谨慎，却又无保留地把自己心中的话前前后后都对我谈了。当时先生已年届花甲，我还只有二十多岁，虽年龄相差悬殊，但往来甚为融洽，感到与先生谈话，一起做事，心中有安全感，觉得先生悉心提携后辈关心青年，甚为钦佩，便把自己心中想说的也无保留地去告诉先生。一次，我对先生说：“我要结婚成家了。对象是本市一个名门淑女。”先生不等我说完，就插进来说：“我知道了，早已听说了。你是要我做证婚人是不是？”我惊了，先生对我竟是那么关怀备至，体贴入微。便将婚礼准备工作一一详告。到举行婚礼那一天，先生致贺词后，还亲手把自己私章郑重地盖在结婚证书上。他那亲切言辞，亲切动作给来宾留下深刻印象，许多人都说金校长真像是一位严师，一个慈父，都说“嵘轩先生是年轻人走人生大道的引路人”。

我在永中、高商工作期间，尽管抗战胜利，举国欢腾，但人民生活依旧十分艰苦，教师待遇菲薄。永中教师要求政府改善教师待遇，决定推派代表向县长请愿，我也是五位青年教师代表之一。到学期终了，一位自称县党部工作人员又来约我谈。他说：“黄先生是温中金校长推荐来的，校方已考虑继续聘请，不过开学后要与校长当面谈一件事。”我觉得这是不祥之兆，县党部里来的人“无事不登三宝殿”，可能要我参加什么组织。当时，我已私下考虑不准备接受永中教约，理由是罢教是五个青年教师一致同意的，结果四位同事被解职了，我一个人答应留任续聘，怎么对得起大家。

嵘轩先生当然知道永中发生罢教的事，也已了解我是罢教发难者之一，便约了我去。当我们谈话提到有县党部人员从中调解的事，先生就严肃地向我提出：“这些人的职业就是拉人下水！”提到国民党，先生又说：“这个党一再失信于民，现在大家对它早已失去信心。”接着先生又讲：“早年，我也曾对它寄予希望，自北伐以后，它却一再失信于民；去年，抗战胜利，大家又满怀激情，蒋介石也亲口讲过，复员还都后，一定实行‘教育第一’，到现在教员待遇却一步步减退，近又听说又准备打内战了，谁还相信它，千万不要上当！”

先生的话，斩钉截铁，态度毫不含糊。过去我也打算拒绝应聘，只不过是为了对朋友讲义气，听了先生的话之后，道理更加明白，我态度更加坚决。向先生表示要离开这个“是非之地”，先生问我今后打算，我说“去上海”。先生听罢，稍作思索便说:“你到上海找一找我的一个同乡老朋友。”先生遂即给我写了一封推荐信。先生一边写，一边说:“这位周予同先生是真正做学问的人，是一位真正的学者。”

这年冬，我只身离开家乡到了上海。就在福州路寻到开明书店，周予同先生即在书店里接待了我。他拆开介绍信一看，“嗄”了一声，说:“是嵘轩先生!好!好!金嵘轩是我最要好朋友、同乡!是一位少有的教育家!”先生又简单地介绍了上海教育界现状，先生以“乌烟瘴气”四个字概括。“你先找个地方住下来，慢慢想办法”，周先生又不无感慨地叹了一口气，“像我这等人，现在说话不顶事了。我还是敬佩嵘轩先生，脚踏实地，苦干实干，这样的教育家不仅家乡闻名，拿上海来说也是少有的”。

在拜访周予同先生过程中，留下一个有趣的鲜明印象:予同先生与嵘轩先生真是一个类型的学问家。嵘轩先生称予同先生是“真正的学者”，予同先生称嵘轩先生是“少有的教育家”。

不久，我在上海投入了党的地下秘密工作队伍里去。上海解放后，五十年代又经历一系列政治运动，我与家乡已失去联系，也不知嵘轩先生身在何处。直到六十年代中，“文化大革命”开始了，广大革命干部和文化知识界人士都没有逃脱“十年浩劫”的厄运。到一九六八年春天，我悄然离沪返回阔别整整二十年的家乡。一到郑楼，就想到林垟去探望金嵘轩先生。家乡人告诉我，他早在一年前已经亡故了，我深感遗憾。

四

我与嵘轩先生的直接交往仅限于我人生旅途的前半段，我能直接接触先生的生平事迹也仅仅包括先生来省立温州师范执教之后到继长省立温州中学这一段。尽管接触频繁，但了解很不深入全面，加上当年我涉世未深，言行幼稚，对先生的亲切教导领会不深。但先生的高尚品格，却一直影响并导引我在那战火纷飞岁月里颠颠簸簸走人生的第一程。嵘轩先生的光辉形象给我留下的印象却是十分深刻的。

嵘轩先生是家乡浙南著名的教育家。不仅如此，正如周予同先生所说的，这是一位脚踏实地、实干苦干的近代中国少有的教育家。

嵘轩先生一生从事教育事业，品行端庄，为人正派，师德垂范，教泽流芳，桃李满天下，是教育工作者的典范。

这便是我对嵘轩先生的认识。

本文原载《温州教育》一九九八年增刊。

怀念嵘轩先生

李仲芳

我和嵘轩先生共事过两次，头次在浙江省立十中，二次在永嘉济时中学。

嵘轩先生和我及陈修仁、徐石麟、陈云扉、徐承轩等先生，都是济中校董。先由创办人石麟先生当了一年校长后，继之于一九三九年校董会推嵘轩先生为校长。

他在校长任内，建造了渠口校舍，开辟了操场和农场，建造了浴池和医室等，使学校从初步走向兴盛。

他对同事很热情重视，对学生很关爱。

“四一九”事变期间，济中曾停课三个礼拜，当时除两溪学生回家外，其他各县学生疏散到碧莲、垟坑、白泉、表山等地。嵘轩先生十分关心疏散在外的学生，当时在我的陪同下翻山涉水，先后到各个疏散点巡视了七天。

他任十中校长时，适当军阀内战，教育经费支绌，省内各校纷纷停课。他变卖了良田二百亩，使学校得以照常上课。

嵘轩先生为人正直，一贯忠诚国家的教育事业。我怀念他，钦佩他。我年老，手足不灵活，事多健忘，仅书此数言，以示纪念。

于一九八七年六月三十日

本文选自《瓣香集》，温州市金嵘轩先生诞辰百周年纪念筹备委员会一九八七年编印。

忆嵘轩先生

张国辉

我的父亲益三先生是温州府中学堂的第二届毕业生，曾长期在母校执教，与嵘轩先生共事多年。他曾告诉过我在嵘老担任温中校长时，毅然变卖祖产，偿付校债，尽力维持教师工资等感人事迹，使我在少年时代对嵘老怀有高山景行的感情。

一九三七年抗日战争爆发以后，嵘老和几位老朋友在楠溪渠口创办永嘉济时中学，颇著声望。一九四四年九月，日本侵略军第三次窜犯温州，我全家避居楠溪上塘，我和就读中的大学失去联系。离乱中与杨悦礼老师邂逅，他提起济时中学历史课教员因故未能到校，建议我暂去代课。这样我大约在九月底到楠溪渠口，有了直接向嵘老学习的机会。

济时中学学生绝大多数来自农村，全部住校，生活俭朴，性情淳朴，学习上刻苦勤奋，尊重师长，尤其对他们的金校长有一种十分亲切而又崇敬的情感。当时嵘老已是年近花甲，但无论早操和晚自修后的晚操都与学生一起进行，少有缺席，平时对学生讲话总是和蔼可亲，谆谆善诱，从来没有疾言厉色。在当时的中学校里，学生对校长大抵是畏葸多于尊敬，而在济时中学的情况恰恰相反。这对于我这个在当时离开中学生涯还不太久的年轻人来说，不免觉得新奇，因此它留给我的印象分外深刻。但不久嵘老因家乡有事急需处理，离渠口回瑞安去了。翌年日本侵略军退出温州，我也离开渠口回大学复学。但在济时中学将近一年的教课生涯和从各方面听到嵘老的为人行事，始终记忆在心，未能忘却。

我再次见到嵘老时，已是一九四六年的夏天。当时温州知识界都热望他再次出长温州中学，自然也有人劝他不必为卸任校长所留下的烂摊子耗费心血。嵘老听取许多老朋友的意见，最后挑起了整顿母校的重担。

这以后，我离开故乡，长期在外地工作，很少回家。建国后，从亲友处听到故乡的变化，以及母校在嵘老主持下正确执行党的教育方针，桃李葱茏，英华辈出。一想起母校为国家培育人才的卓越成绩时，自然要感谢历届老师呕心沥血，辛勤劳动，这中间开明而进步的嵘老在解放前后，三度执掌母校，坚持并发扬勤奋好学的优良学风，引导学生“作圣启蒙”，尤其作出了不可磨灭的贡献。

本文选自《瓣香集》，温州市金嵘轩先生诞辰百周年纪念筹备委员会一九八七年编印。

永远怀念我们敬佩的金校长

叶成坝

“七七事变”爆发后不久，永嘉教育界人士徐石麟、陈修仁、李仲芳、陈云扉先生等发起在永嘉楠溪山区枫林镇创办了济时中学，并聘请教育界深孚众望的金嵘轩先生为校长。金先生欣然接受。过了一年，校址迁到离楠溪大源与小源汇合处不远的渠口村（现为永嘉渠口乡），该村虽也坐落在山区，但地点比较适中，交通比枫林方便。由于金校长的威望高，校风优良，师资力量雄厚，且地点安全，不受日寇骚扰，永嘉以及邻近各县如瑞安、平阳、乐清、玉环、台州、丽水还有闽东一带的青年纷纷前来该校学习，最高人数多达一千数百人，在当时来说是一所规模相当可观的初级中学。我于济时中学创办之初即去就读，直到一九四二年毕业。当时所有老师以及绝大部分学生都住在学校里，金校长也不例外，因此，学校像个大家庭，师生之间朝夕相处，彼此很熟悉。金校长除了担任全校的行政领导外，还兼授我所在这一班以及其他几个班的“公民”课。金校长学问渊博，为人正直朴实，律己很严，但待人宽厚、诚恳，他确实做到了事事、处处以身作则。他对学生在品德与学业方面的要求是很严格的，对于学生的表现包括日常生活中诸如待人要有礼貌，注意公共卫生等，也抓得很紧，不厌其烦地进行说服教育。遇到表现不好的学生，我从来没有看到过他加以训斥，而是谆谆善诱地予以开导，并常常利用全校集会的机会发表讲话，反复讲解“吾日三省吾身”，启发大家的自觉心与自尊心。当时学校里每星期一上午有“纪念周”以及星期六下午有“周会”的全校集会活动，在集会上，经常听到金校长的讲话。他讲话从不冗长，从来不打官腔，讲话内容从抗战救国的大道理到学生的品德教育，深入浅出，切合实际，因此，我们很喜欢听他讲话。他在全校师生中享有最高的威信。

金校长宣传抗日救国的道理是做得很突出的，由于他在日本留过学，对日本的情况很了解，他常常结合实际情况给我们讲解长期抗战、抗战必胜的道理。有时他还亲自率领我们到社会上开展抗日救国的宣传，收到很好的效果。抗战初期，在国民党政府统治的地区，由于政府腐败无能，战场上节节败退，尽管某些爱国将领率部与日军浴血奋战，给敌重创，但总的形势是急转直下，在短短的一段时间内，日寇占领了我国的大片山河，无数同胞遭受空前浩劫。太平洋战争爆发后，国民党政府的一些要员以及某些社会人士纷纷发表讲话，将我们抗战胜利的希望寄托于美国的援助。我们学校里也流传着这一论调。

针对这一思想，金校长在一九四二年的新年开学献词中拟了一副对联，并请书法家徐石麟先生用大楷书写张贴在大礼堂的柱子上，内容是："要坚自力更生志；休起依恃外援心。"他在对全体师生的新年讲话中加以阐述，指出：日寇猖獗一时，但抗战一定能取得最后胜利，打败日寇首先要依靠我国自己，依靠我们自己团结一致抗日，而不应首先指望别的国家。同盟军是需要的，但要树立起自力更生的意志，做别的事也一样，要有自力更生的意志才行。在当时的情况下，他提出这样的看法，确是难能可贵的，金校长不愧是一位伟大的教育家。

我自从一九四二年离开济时中学后，再也没有机会聆听他的教诲了，但是他对祖国、家乡教育事业的献身精神，他廉洁奉公的品德，他律己严、对人宽的为人，是我永远铭记在心的。回忆过去，济时中学的三年学生生涯对我影响非常深刻。当时作文题往往有"我的志愿"之类，我写的是如何想当教师，等等。初中与高中毕业后，我先后当了两年小学教师，以后上大学，我念的是师范，决心终生从事教育事业。尽管解放后由于种种原因未能如愿，但当时有这些想法与打算可以说明以金嵘轩先生为代表的老师们对我的影响之深。在我的心目中，以金嵘轩先生为代表的老师们正派、清白，因此认为教育事业是崇高的事业。万万没有想到，在这场被标榜为史无前例的"文化大革命"的大灾难中，连我们崇敬的金校长也不能幸免，竟使他含冤逝世！值此隆重纪念金老师百周年诞辰之际，让我们再一次愤怒谴责这场罪恶的“文化大革命”，使这场历史惨剧不再以任何形式重演！让我们永远学习金嵘轩先生的高贵品德与献身精神！金校长永远活在我们心中！

一九八七年八月二十日于纽约

本文选自《瓣香集》，温州市金嵘轩先生诞辰百周年纪念筹备委员会一九八七年编印。

要坚自力更生志　休起依恃外援心
——记金嵘轩先生在济时中学

叶仲常

“要坚自力更生志，休起依恃外援心”，这是抗日时期金嵘轩先生任永嘉私立济时中学校长时，特地请当时名书画家徐石麟老师大书特书的一副对联。那时贴在济中的大门左右的板壁上，白纸黑字，字体端庄雄浑，苍劲有力，不论住校的或通学的学生，进出校门口总是驻足凝视一遍。

我是一九四一年考入济中的，一九四三年毕业后即从事农村教育工作，解放那年考入中国人民解放军华东军事政治大学，参加抗美援朝部队，任文教工作。我是济时中学所在地永嘉巨口村的贫寒农民子弟，本来读中学是无缘的。幸有金校长千里迢迢来到我僻静的山乡，为家乡的教育事业作出无私的奉献，才使我的家乡——楠溪江巨口村的农民子弟有在此入读中学的机会。金校长是我毕生难以忘怀的也是终生最敬佩的老师之一。

所以，一九四三年毕业时，我特地亲手制作了一本离别母校的纪念册。记得那时济中毕业时的学生都喜欢自己动手做本纪念册，首先请金校长题写几句名言，以作永远的座右铭。接着请教导主任王亦文，级任老师及同学们题词留念。我那本精致的纪念册是用宣纸装帧而成的，有半寸厚，一打开就可看见金校长题写的若龙蛇飞舞而又坚挺雄浑的十四个约半寸见方的墨宝。这就是“要坚自力更生志，休起依恃外援心”。

离开金校长，我即循他的谆谆教诲，投身到家乡山村抗日宣传和普及国民教育工作。金校长给我题写的那本纪念册始终留在我的身边，每逢挫折就以金校长的两句至理名言来鼓励自己。直到一九四八年我特地从乡下迁到温州中学去请教金校长。那时温中还在府前街西首，只见温州中学的教室内外，走廊墙头，到处贴满“反饥饿”“反内战”的大字报、标语等。当我走进金校长的房间时，他如五年前在济中时那样的和和气气，微笑着对我说:“你从哪里来?楠溪那里比以前好些吗?当小学教师很好嘛。”“很好，在济中学的怎样当小学教师这套知识全用上了，不过国民党政府还是把我当了五年小教的人仍当作‘代用教员’看待的，总认为不是师范毕业出身的”，我依然像在济中当学生时那样地在金校长面前请教时严肃地回答着。金校长说:“我们学校的情况你看到了没有?办教育不是做生意，不能计报酬厚菲，主要是为国家培养出一批批各行各业的人才来。”

从那以后，我奔赴抗美援朝的战场上去了。后来“文革”开始，我也失去了自由，听说金校长也……我只是暗暗落泪，悲痛怀念着。那本金校长题写的纪念册也被抄没了。

记得济中创办之初,创办人徐石麟、陈修仁邀请金嵘轩先生接受担任济中校长之职。金校长参观后并给济中学生们做了一次讲话，他说:“要我来当校长，我得提个条件，就是别让我管钱。”据说金校长为了办学，不惜变卖家产。实令人肃然起敬。

在金嵘轩校长亲手题写的《济中一览》序言里，对于金校长那种实事求是、结合实际、大胆改革创新的办学精神，至今半个多世纪了，仍铭刻我心。在《济中一览》序言里，他说：一、本校（济中）产生于抗战时期，要特别注意战时教育，提倡军事化生活；二、本校设立于山乡僻地，特别着重于农业教育，提倡劳动化生活。因此我们在金校长的正确引导下，确实学到了不少“学以致用”的东西，既读到语文、英语、数理化、植物等各门新鲜功课，又能学会军事操练、挖工事、农业科技实习。济中毕业的学生个个走上了为国家、为民族、为抗战、为教育作出各自贡献的道路，这不能不归功于金校长在教育事业中树立了以身作则，言教不如身教的典范。

还有一件使我永生难忘的事是：抗战爆发后，在国民党统治区由于政治腐败无能，尽管爱国将领浴血奋战，战争形势急转直下。抗战到底能不能取胜?师生们经常谈论着这个关系到中华民族前途的大问题。太平洋战争开始了，美国珍珠港受到日寇的突袭，美国被迫参战了，有人认为有了美国帮助，抗战有望了。金校长针对师生中这种错误的思想言论，立即作出有的放矢的教育。一九四二年的新年献词，金校长意气风发写下了“要坚自力更生志，休起依恃外援心”一联。为了灭日寇的威风，长师生们抗日必胜的信心，金校长时时处处以这一联告诫师生们：抗战必定会取得最后胜利，但胜利依靠的还是要坚定自力更生的意志，依靠别人，依靠美国，那种“依靠”的想法都是不正确的，小到学习、工作，大至抗日、建国，那种一味依恃“别人”的心思，都是危险的，不可取的。

当时抗战正处在极端危险的关头，金校长毅然决然地提出这种抗战必胜的看法，实在难能可贵，他不愧是一位伟大的教育家！

本文原载《温州教育》一九九八年增刊。

金校长轶事

郑楚材

自小学、中学、大学及至出国留学，我所遇良师益友可谓不少，但影响我一生最大者，当推金校长为第一人。在我求学于济时中学时，同学们常谓王亦文老师以言教，陈修仁老师以理教，而金校长则以身教，对学子品德之培育功效最大。他那每日清晨早起的身影及从无厉色疾言的慈容，至今常在我脑际浮现。记得一九六七年当他逝世的噩耗传至台湾时，识者彼此走访相告,莫不悲恸无已。继在台北市善导寺开了一个追悼会,大家都带着一点冒险心理参加，幸终未遭到阻止与干涉，可见金公德望深入人心，广受崇敬。兹逢尊师诞辰一百周年，追记其生前轶事两则，以志纪念。

随地吐痰想必是国人几千年相传下来的恶习，积重难改，当时济时中学为了培养学生良好卫生习惯，禁止随地吐痰，但仍有不少同学我行我素，学校当局无可奈何。一日一位同学在校内广场上吐了一口浓痰，巧被金校长看见。金校长走上前叫住那位同学，对他笑笑，也不责骂，伸手从口袋掏出一条雪白手帕，弓下身将浓痰揩净。那位同学愣在一旁，惭愧得无地自容。继而同学相传，全校哗然，议论纷纷，总之大家都为金校长的苦心所感动，从此随地吐痰的现象也几乎不复出现。

济时中学大多数同学在学校膳宿，每人将食米缴交学校，由学校储仓保管。有几天饭里发现有米虫，同学们在惊恐之余，纷纷责难学校当局，进而拟罢课游行抗议。金校长听闻后即集合同学们讲话。他从容不迫走上讲台，和颜悦色地先代表校方向同学认错，继而说明仓库设备不完善，再加连日梅雨，白米生虫在所难免，经煮熟后当不会致人于病，请同学们放心食用。如果一定要校方丢弃虫米赔偿新米，非仅校方无力负担，而且就整个社会经济而言，际此国难期间亦太浪费。最后金校长幽默地说：米虫滋生于米，颇富营养，你们每人每天吃三条米虫，包保你脸白嘴唇红。逗得同学们哄堂大笑，一场即将爆发的风潮就此一笑而烟消云散。

迄今事隔四十六年，低头缅怀一代良师长眠永逝，不禁悲从中来；隔洋遥望祖国，仍未统一，更感悲上加悲。

一九八七年八月五日写于美国俄亥俄州州都哥伦巴士城寓所

本文选自《瓣香集》，温州市金嵘轩先生诞辰百周年纪念筹备委员会一九八七年编印。

宽厚长者风　师表桑梓地

张翊中

我有幸认识金公，是抗日期间在林垟。

原先，浙江省立温师在郑楼，而附小设在林垟。一九四四年至一九四五年间，我任附小分部主任。这时金公是永嘉济时中学校长，很少回家，但每次返回家乡时，对曾倾注一番心血的林垟小学仍是十分关心，尽管时间匆促，总要到校里来看看，了解教学情况，并询问有无困难。我虽初出茅庐，却早闻他是大名鼎鼎的教育界老前辈，第一次跟他交谈时，心里不免有点紧张，讲话凌乱无序。没想到金公待人如此和蔼亲切，笑容可掬，而且十分认真耐心倾听我的回话，给我留下极为深刻的印象。直到此刻，回忆起他的音容，依然鲜明如昨。

林垟小学基础好，教师质量较高；学生学习风气盛，守纪律，讲礼貌。一九四四年，学生参加仙降区举办的作文、演讲、歌咏比赛，囊括集体冠军与个人第一名。金老对我们工作中所取得的成绩，总是充分肯定，勉励有加。那时，校门朝路对面是操场，操场左右两侧有人种植蔬菜，场地日渐狭小，妨碍体育上课。一次，我们偶然向金公提起这件小事，可没多久，操场即恢复了原来的面积。再说抗战期间，兵荒马乱，分校经费拮据，困难重重。金公了解情况后，督促乡里筹措，并与当地士绅联系，要求予以支持。由于金公为桑梓教育作出卓绝的贡献，曾变卖田产为温十中偿还债务，出面向当地富户募捐，增建乡校教室，大力扶植家乡青少年就学深造，赢得乡里人们的极高威望，所以他一言九鼎，我们向他反映的难题，一经他手，大都迎刃而解。

金公有四子两女。三儿媳吴德秀（已故），是金志纯医师妻子，曾在林垟小学任教。她时常与我谈起金公待她胜过亲生女儿。一九四一年，金老带德秀上济时中学读初中，这时她已二十一岁，与金公的女儿志晨、志昭同一班级，而金公每月给德秀的伙食、零用费，则多出两女的一半。

金夫人陈罗云出自名门闺秀，两人感情融洽，相濡以沫。金老一有闲暇，即教她读书写字，关怀备至。一次金公乘汽车出事故，头颅、左耳灼伤甚重。在治疗期间，金夫人悉心调理，敷药，才能逐渐康复。后来，金老的幼子志起病亡，金夫人刺激过深，以致有时精神失常。而金老待她一如既往，尊重爱护。一天，我在德秀处看见金公刚从外地回归，与夫人坐在中堂八仙桌两侧的大座椅上，金公和颜悦色询问近段时间家庭近况及她身体如何，夫妇相敬如宾，情真意切。

本文原载《温州教育》一九九八年增刊。

金嵘轩先生担任瑞安中学校长的一年

王超六

金嵘轩先生出任瑞安中学校长（一九四五年八月至一九四六年八月），是在抗战八年离乱之后、抗战胜利之初，是在群情推戴下，为桑梓教育服务而出任。任期一年，可惜只有一年，但已留下深刻美好的印象。他任职时，承先启后，除弊兴利，斐然可观。今日缅怀，略述梗概如下：

一、众望所归　载誉而来

他壮岁留学日本，思想进步。五四运动后，在新思潮的熏陶下，与同邑在日本或国内大专毕业的及热心地方事业的志士，如周予同、李笠、薛祀光、伍叔傥、王孝通、林镜平、朱介夫、林昭音、孙仲珩、薛济明、曾约、曾省、郭鉴平、许弢夫、洪彦璋、洪瑞棻、洪铎、李孟楚、潘达夫、林炜然、陈逸人、万墨林等组织“知行社”，取知行合一之义，以研究地方情况、提倡公益事业以图社会之进步为宗旨，创办平民阅报所、民众夜校、剧团，以唤起民众，提高文化水平。

他任省立第十中学校长时，毁家鬻产，以纾学校之难，得到人们的赞扬。他任永嘉私立济时中学校长时，网罗名师，皆硕彦之士，为文教界所称誉。由于他道德高尚，乐育善施，为里人所敬仰。凡里人特别是仙降区、林垟乡遇有重大纠纷事端，请他出来排难解纷，就能为之平息，甚至以他一言为定。人以“鲁仲连”称之。他的声望甚高，他之出任邑之县立中学校长，众望所归，载誉而来。

二、精心治校　成绩斐然

健全行政机构，既充实又民主。学校机构有一定的编制，但由于人力与物力的限制，往往未臻完善。他长校后，气魄很大，举凡各种处室会议以及各科教学研究会，一一齐全，照章行事，丝毫不苟。凡重要事项必开会决定，既取决于多数，又善听少数的意见，进行说服，以统一思想认识。

他长校仅一年，即刊印《瑞安县立中学同学录》，在校师生的通讯地址与历届毕业生的姓名一览无遗。又附一、校史；二、现有学校设备统计；三、一年来本校校务经过纪要。纪要是从校务日记整理出来的。一年之事，一目了然。时序迭更，迄今已历四十一年。人事变迁，册籍散佚，而这本小册子尚有留存，既为宝贵的纪念品，又为重要的资料，弥足珍贵。

延聘名师，兼容并蓄。学校的素质关键在于教师的质量。嵘老有鉴于此，他之掌省立温州中学与私立济时中学，均以选教师为首要之务。他长瑞中，亦复如此。莅任之初，即乘浙江大学教授陈楚淮在假之机，聘为教务主任，调节教师阵营，打下良好的基础。陈赴职，由浙大数学系毕业的王懋椿继任，萧规曹随，自甚顺利。他聘请英士大学讲师蒋宗周来瑞兼理化教席，那时英大是办在温州的。其他教师，大多是大学本科毕业，或学有专长、富有教学经验的。那时曾联松任历史教师，他是五星红旗图案设计者，现在上海，回忆说金嵘老，“学者风度，尊长慈颜，百年树人，忍济时艰”。嵘老之聘请教师，如蔡元培长“北大”的作风，新旧兼收，涵容蕴深。国文教席，他聘请了专长古典文学的林健庵、邵成萱，又聘请了曾留学苏联、对新文学有研究的何止铮以及新文坛的健将、《阵中日报》的主笔王沉。

聘请校外知名人士莅校讲演。嵘老先后聘请了浙江大学教授魏肇基、暨南大学教授孙正容、正中书局编辑张幼丞等莅校讲演，提高了学生的文化与科学水平，受到学生们的热情欢迎。

开展各种课外活动，丰富活泼。学校举行讲演比赛会、书画展览会、书法比赛、国语讲演比赛、时事测验、周记展览会、劳动服务竞赛、同乐会、作文比赛、妇女问题研究会，等等，金嵘老无不亲自主持，奖勉有加。

重视学生的营养与健康。嵘老对学生的健康非常重视，聘请教师专题讲演营养与健康，对全体学生进行体格检查，如发现疾病预兆，即作相应的措施。当传染病流行时，寄宿生中患脑膜炎病，即送卫生院医治，对宿舍进行消毒。一次发生在初中部，嵘老即移住初中部，一面稳住学生的恐怖心理，一面对全校学生施打预防针。还必须提到的，嵘老聘请医专毕业的正式医师缪天桢为专职校医，经常住宿校内，就县立中学言，这在当时是很难做到的。他重视寄宿生的膳食，并定期吃肉。

募捐经费，扩充校舍与设备。由于学校经费的支绌，嵘老发起募捐活动，得到全校师生与社会各界人士的支持，踊跃输将，集腋成裘。募捐所得，以之改善音乐室、浴室、公共厕所，扩充膳所，添置理化仪器、生物标本与挂图，添购《万有文库》《中学生文库》等成套的书籍。

三、挽留不获　载誉而去

嵘老由于友人之邀，赴外地工作，于是辞职，准备于学期结束后离温启程。全校师生及社会各界人士闻讯，热情挽留，学生自治会推定主席许京安为代表，社会热心教育人士推定洪岷初、许冶荪为代表分别向嵘老陈词，竭诚挽留。终以嵘老已应友人之约，未如所请，挽留不获，载誉而去。刚巧在他启程之前，省立温州中学校长朱一青辞职，温州各县参议会联名推戴嵘老任温州中学校长。他又在群情推戴下，第二次出任温州中学校长。

嵘老的一生，是从事教育的一生，春风化雨，教泽长存，高风亮节，遐迩闻名。他在瑞中的一年，只是短暂的一年，已令人敬仰不已，思慕不忘。只是作者老年秃笔，未能尽其什一耳。

一九八七年四月三十日

本文选自《瓣香集》，温州市金嵘轩先生诞辰百周年纪念筹备委员会一九八七年编印。

金嵘轩先生在瑞中

林　杰

师范熠熠，飞云南北，两大金人呈异彩；

教泽绵绵，寰海内外，三千桃李竞葱茏。

金先生来瑞中接任校长之初，正是八年抗战胜利之时。战后疮痍满目，百废待兴，瑞中经受四次浩劫，损失殆尽。先生勉为其难，克尽全力，兢兢业业以振兴桑梓教育为己任。自一九四五年八月初至一九四六年八月底，主持校政时间虽短，建树颇多，写下战后瑞中复员工作的光辉一页。

一、坚强的教师阵容

金先生说：要办好一所学校，就要有一批德才兼备的好教师执教。他接任后就恳切地挽留瑞中一批众望所归的老教师，并栉风沐雨，披星戴月赶往永嘉、平阳等地诚聘资深才博，富有教学经验，热心教育事业的教师来校任课，开头有王公望、陈仲公、胡经舒、何葆桢、林行知、林镜新、吴长铭等教师。第二个学期又继续聘请苏眉如、胡雨、唐澄士、宋超豪、薛适楼、黄礼芳等教师，才使瑞中教师阵容大大增强，人才济济。当时，大家都感到抗战胜利后的瑞中大有起势。

二、民主的治校作风

教师阵容部署妥当以后，如何带领这批学有专长的教师，发挥他们的积极性办好瑞中。凭金先生多年办学的经验，主要发扬民主治校精神，团结凝聚广大教职员工。在开学前后召集各种类型会议，多方征集办学意见，经常与师生座谈学校的过去、现在及今后的工作。重大事项通过校务会议，采取多数意见，同时善听反面意见，认真做好思想工作，统一认识，作出决定。学校民主风气大有增长，每次会议总是希望大家表达想法，提供对领导的意见。因此深受广大师生的爱戴。当时，高春三班毕业生怀别母校时，赠送“意见箱”一具留作纪念。确是寓有深意:他们热切希望母校秉承金校长办学的教育思想,继续发扬民主精神，同时也表达莘莘学子对母校一番深厚爱心。

三、活跃的学习气氛

积极开展课余活动，丰富学习生活，增长学生的知识。经常举办学术报告会。请暨南大学孙正容教授、浙江大学魏肇基教授、正中书局张幼丞编辑等来校作学术报告，开拓学生视野。定期作时事报告与时事测试。二战结束后，国际风云幻变激烈，培养学生关心国家大事，放眼世界，跟上时代步伐。组织各种球队，开展校内外球赛活动。组织学生举行露营及其他文娱活动。如师生同乐会、郊聚会、劳动服务比赛、国语演讲比赛、书画展览会等活动，使课内外紧密结合，形成生气勃勃的学习生活。

四、深厚的爱生感情

感人至深的是金先生无微不至的爱生之情。九月中旬一天，大雨滂沱，河水猛涨，大街小巷积水盈膝。金先生考虑到初中部寄宿学生年龄尚轻，有的初离家门，在这暴风骤雨面前会受怕吃惊。他连夜冒雨涉水赶到初中部，一面做好学生宣慰工作；一面召集总务处后勤人员切实做好排水防水工作，使学生安心就寝。他自己就在办公室里过了一宿。有一次，初中篮球队与校外飞云球队比赛中发生冲突，球赛中止队员退出赛场。初中学生愤愤不平，争论剧烈。他将自己的被褥从高中部宿舍（新街卓公祠）搬到初中部学生宿舍（西岘山下）住宿，及时做好思想工作，以缓解学生因球赛矛盾引发不安情绪，防止意外越轨行为出现。

另一次，第二学期四月间，初中部寄宿生中多人患有流脑病状，送往医院隔离治疗。教室、宿舍、厨房、膳厅等内外打扫清理药物消毒。可是学生仍有杯弓蛇影之惧，似乎校园内到处都有脑炎病毒作祟，以致忐忑不安。先生睹此情况，就再次搬进初中部宿舍与学生同吃同住，做好细致工作，逐步消除学生由于脑炎流行引起的恐怖心理。至今六七十岁的瑞中老校友还深有体会地说：当年，同学的宿舍里深夜经常有金校长的身影，冷天给同学盖好被服，热天放好蚊帐。同学生病，亲喂汤药。饭吃不下的，通知食堂送稀饭或面条。重病住院的便多次前往探望慰问。同学有困难，不论是生活、学习或经济等问题，他总是尽心善意地帮助解决。人们不禁赞叹：金校长真是爱生胜于子。

五、难忘的慰留事实

一九四六年下半年，浙江省教育厅拟调金嵘轩先生再任温州中学校长。瑞安中学全体师生及社会各界人士闻讯后奔走相告，想方设法慰留金校长。学生家长互相串联，要求县府和瑞中留住金校长继续任职瑞中。热心地方教育人士黄文彬等向瑞安县参议会第一届三次大会作出“慰留瑞安县立中学金（嵘轩）校长提案”。内容有：瑞安县立中学校长金嵘轩先生自去年（笔者注：指一九四五年）八月间接任后，值抗战胜利，复员开始，金校长苦心擘划，扩充校舍，添置图书，校中种种设备焕然一新。而对学生学业及日常生活尤加注意，如有疾病痛苦必亲自慰问，爱护备至，深得学生感戴。今闻有辞退消息，群情惶恐。拟用本会名义函请打消辞意，并加慰留。提案中并函请瑞安县政府予以恳切慰留。

当时，温州中学校长缺人，温属各县县长联名推戴金嵘轩先生出任温中校长。温中学生亦在《浙瓯日报》上公开敦促金先生上任，并派代表来瑞礼迎赴温就职。《浙瓯日报》发表社论恳切劝驾上任。因此，瑞安迫于情势，无法再行挽留，深感遗憾！

金先生在瑞中的事绩不胜枚举，仅缀数例，以表缅怀微忱！

本文选自林杰著《雁风楼漫笔》，二〇〇七年八月自印本。

桃李春风别样浓
——金嵘轩在瑞中做校长

陈良明

金嵘轩先生于一九四五年八月到一九四六年八月担任瑞中校长。尽管只有短短的一年,但这是特殊的一年,特殊性在于这不是金先生开始任职校长的第一年，而是担任了很多所学校的校长后盛名之下的一年。当时五十九岁，具有崇高的威望，丰富的办学经验。在省教育厅的训令里这样介绍:“兹查有金嵘轩曾留学日本国立文理科大学教育系毕业，历任本省及江苏、福建各中学师范教员、校长、教育厅科长、正中书局编辑等职数十年，学验丰富，众望素孚，堪充斯职。”他的具体经历:浙江省立第十中学校长、浙江省教育厅社会教育科科长及督学、江苏镇江中学教导主任、福建省师范学校教务主任兼教员、浙江省立温州师范学校推广教育处指导兼教员、永嘉县私立济时中学校长。在抗战后困难重重的情况下重整学校，更能反映他的治校水平。中国人有句俗话:“新官上任三把火”，第一年往往是最有作为的，况且，中国人也有衣锦还乡、光宗耀祖的思想，作为当时名声在外的著名教育家，很想服务桑梓，为家乡教育作出成绩。所以他在瑞中任职一年，兢兢业业，极其勤奋。尽管只有短短的一年，却很能反映金嵘轩先生的教育情怀、人格魅力和治校理念。

一

办好一所学校需要生源、师资、设施、管理、经费等要素。设施、经费尽管不是决定性的因素，却是重要的办学条件，尤其在抗日战争期间，为了躲避战乱，瑞中迁到了大峃（今属文成）办学，城区的校舍遭到毁灭性的破坏，图书、仪器、课桌丧失殆尽，连教室的门窗都不见了，整个学校百业待兴，完善办学设施成为燃眉之急。金先生接任之初，急需恢复完善办学设施，经匡算要经费一百五十万大洋，而政府拨款只有五十万。怎么办?他不是等靠要，而是主动想办法，广泛发动师生员工募捐。“十月五日:约请党政团参各首长及本地热心教育人士共十余人，成立瑞安县立中学修建校舍补充设备筹捐委员会，着手筹备募捐”（《复员后一年以来本校校务经过纪要》）。在募捐的人员中，金校长利用自身的威望和社会影响力，参与募捐的次数是最多的。“十一月六日:校长邀请本地热心教育人士，就城区募捐；十一月二十七日:校长赴平阳为本校募捐；十二月二日:校长同三青团管主任赴塘下区募捐；一月二十四日:校长往仙降区结束各乡经手捐务并收回捐册。”通过全校的努力，共募集了一百多万的经费，解决了学校建设的经费缺口。一年里，学校安装了电灯，维修了教室、宿舍，修筑大门、男女卫生间、浴室，筑围墙、平操场、辟球场沙坑，高、初中集合场各树旗杆，新购理化仪器及药品计价五万余元，等等。此外，争取用县长许学彬兼任瑞中校长的工资给学校建造大门（“十月四日：初中部着手计划建筑学校大门，经费由许兼校长拨捐全部校长薪米申币一八〇〇〇元充之。”），动员瑞安著名商号李大同的老板李锦淮先生出资购买《中学生丛书》《万有文库简编》一、二两集，全部计一千二百册，这算是大型文化丛书，当时一所中学拥有非常不易。可喜的是《万有文库简编》至今还保留在瑞中图书馆 。

金先生主动作为，利用社会各界的支持，极大地改善了学校的办学条件，让整个校园焕然一新，给人以蒸蒸日上的感觉。

二

金先生作为德高望重的教育家，据同期的师生反映，平易近人，没有架子。当时五星红旗设计者曾联松在瑞中当历史老师，他回忆金嵘轩先生是“学者风范，尊者慈颜”。在管理学校的过程中，充分发扬民主。“凡重要事项必开会决定，既取决于多数，又善听少数的意见，进行说服，以统一思想认识”（王超六先生回忆)。在一年的校务记录里，看到很多的谈话会，相当于今天的座谈会。“举行第一次教职员谈话会并商讨招生事宜；举行教职员谈话会，开始筹备开学诸事宜；初中部召开级长谈话会；高中部召开级长谈话会；上午各处室主任、组长谈话会；下午各处室主任、组长谈话会；各科教员谈话会；下午举行教、训、军各主任人员联席谈话会；晚高中寄宿生谈话会；上午召开教职员谈话会；为改编新预算，校长室召集各处室主任、组长谈话；举行毕业班各科教员谈话会。”通过各类座谈会，发扬民主，了解信息，听取大家意见，集思广益，既统一了认识，又极大调动了师生的积极性。学校还成立学生膳食委员会，让学生参与食堂的管理。在温州中学，有金先生卖地毁产给老师发工资的美谈，其实在瑞中主持校务的短短一年，也留下了很多无微不至关心师生的感人故事。抗战结束后，教职工的生活极为困难，迟迟得不到政府的生活补助，教职员工意见很大。金先生上任后，顶着压力，多方沟通，把大峃分部停办结余的经费，原定作为购买仪器设施之用，移为垫发教职工生活补助费，解决教职员工的生活困难。为了改善学生的伙食营养，规定学生每半个月吃肉一次，“为谋寄宿学生摄取营养起见，今日厨房实施第一次定期食肉（以后每隔一星期食肉一次)”。为了节省开支，学校围砌猪圈，利用食堂的泔水养猪。这个传统一直延续到上世纪八十年代，同学们清晨听到杀猪屠宰的声音，就万分激动，因为当天的中午每人就会免费享受一碗美味的红烧肉，这成为几代瑞中人留在舌尖的美好记忆，至今还有人津津乐道。还有两件印象特别深刻的事：当时学校有学生得脑膜炎症而死亡，引起了师生、家长的恐慌，为稳定情绪，金校长亲自移住初中部，以资镇静学生对于脑膜炎症流行时之恐怖心理，同时与学生一起打扫卫生，开窗通风。另一件事就是学生因球赛班级之间发生冲突，两个班级学生静坐操场不肯到宿舍就寝。为了防止冲突，金校长陪双方学生坐在操场过夜。从这些小事中，我们可以看出金嵘轩先生的人格魅力以及以人为本的民主作风。

三

金嵘轩先生在瑞中只有一年，从《复员后一年以来本校校务经过纪要》看，几乎每天在忘我地工作，所完成的校务之多，难以想象，可以说是呕心沥血。金先生除工作勤奋外，还有一个重要的特点是严谨细致。“他长校仅一年，即刊出《瑞安县立中学同学录》，在校师生的通讯地址与历届毕业生的姓名一览无遗。又附一、校史；二、现有学校设备统计；三、一年来本校校务经过纪要。纪要是从校务日记整理出来的。一年之事，一目了然。时序迭更，迄今已历四十一年。人事变迁，册籍散佚，而这本小册子尚有留存，既为宝贵的纪念品，又为重要的资料，弥足珍贵”（王超六先生回忆）。如现有校具教具统计表中，分办公用具；教室用具；寝室用具；体育用具；仪器及药品；

卫生用具；图书总类。以办公用具为例：“公事桌，四九，大号四张、中号八张、小号三十七张。籐椅，六。马扎椅，四。木洋椅，八。花竹椅，一六。老竹椅，三。书橱，一四，老式九、新式二、小号三。公事厨，四。三角厨，三。门房桌，一。大菜桌，四。布告板，二。揭示牌，一。值日牌，二。钢板，七。铁笔，六。时钟，三。算盘，三。方砚，一六。印刷机，二。纸刀，一。皮棍，二。讲义夹，一八。印色盒，六。叫人铃，一。打印台，一。月日印，一。未突尺，四。饭签棚，二。名签，四〇〇，饭名签。报夹，六。镜棚，二。皮凳，三。茶几，二。旧书桌，一。方书桌，四。铜钟，一。油印桌，一。”登记在册的仔细程度，今天没有几个学校能做到，而且每样财物都具名、编号、烙印。在募捐的过程中，成立募捐委员会，制定捐册，分头劝捐，收回多余捐册，催捐（“二月十一日：午刻邀请城区代募捐款人员聚餐后，共同出发催募捐款”），汇总，上报申请嘉奖。整个过程一丝不苟，非常严谨。纵览金先生一年来的每件事情，总是做到有头有尾，井井有条，力求细致、严谨、实效。

细节最能体现出一个人的工作态度，毅力、观察力及智慧，只有落实好细节，才能出实效。所以说：细节决定成败。

四

学校是人文教化的地方，通过学校的教育让学生的人格健全，精神丰盈，所以文化是学校的灵魂。没有文化或者文化贫乏的学校是没有品质的学校，文化是一所学校的精神长相。金先生主校以来，重视学生的课外活动和兴趣特长培养与发挥，极大地丰富了学校的文化活动。

瑞安中学在一九三八年创作了一首校歌。一九四五年抗战胜利后，百业待兴，为了振兴学校，激励青年学生为民族振兴而好学上进，奋发图强，凝聚全校师生的精气神，金先生在就任校长不久，委托国文老师薛凝嵩先生作词，音乐教员王公望作曲，制定了瑞安县立中学第二首校歌：

大哉！大哉！教善政宏。礼乐用兴，多士是镕。辅世长民，革尚之风。

章安文物，东南所宗。山岳钟灵，蔚此瑞中。忠毅宇，西岘峰，桃李春风别样秾，日月复旦国运隆。莘莘学子，于变时雍。盈科后进，万祀无穷。

这一年还举办了瑞中四十四周年校庆纪念活动，瑞中学生自治会创办《瑞安中学生》刊物，成立瑞中学生自治会剧团，成立瑞中学生自治会妇女问题研究会并出版会刊，妇女问题研究会还请陈仲公先生讲演专题。“一心多读圣贤书，两耳亦闻窗外事”，鼓励学生要放眼世界，关心国内外大事。多次请陈仲公先生为学生作时事报告，函约本校前校长胡哲民、王超六先生于校庆日讲演校史。先后请暨大历史学系教授孙正容、正中书局编辑张幼丞、浙大魏肇基教授来校讲演。

先后组织妇女问题演讲比赛会，瑞中高中学生书画展览会，高中、初中部学生国语讲演比赛，书法比赛，同乐会，劳动服务竞赛，作文比赛，学生军事训练，春游，校际交流。一九四五年九月十八日，组织全校师生参加抗日战争胜利火炬游行，当天的《阵中日报》记载了这一盛况："瑞安县立中学的行列最长，人数最多，据说各种花鸟虫鱼，都是学生自己制作，巨型的灯，计有坦克二辆，加农一尊，军舰一只，和平神一座，浩浩荡荡，路上不断的炮仗，使孩子们赶忙掩起耳朵。"

五

"一九四四年七月因抗战的耽误，瑞中第一至第三届高中毕业生一百多人同时参加高考，均取得了良好的成绩，考取中央大学、浙江大学、交通大学、同济大学、复旦大学、暨南大学、燕京大学、北洋大学、国立艺术专科学校等名牌大学的学生有数十人之多，轰动了整个温州，人们交口称赞。"（《瑞安中学百年大事记》）。我一直认为，百年名校至少要有三个特质：一是有厚重的文化，一所好学校一定有生动经典的教育故事，否则不能叫百年名校，只能叫百年学校。二是要有一群名师，因为名师出高徒。第三，要群星璀璨，要培养出优秀的学生，学生的未来就是学校的未来。从当年高考的成绩看，金先生也是很会抓高考升学率的。

如何在短短的一年中取得这么好的高考成绩呢?我看主要是五条:

一、延揽名师。学校的教学质量，教师是关键。一位好老师就能教好一门学科,培养好一群学生。“金先生掌省立温州中学与私立济时中学，均以选教师为首要之务。他长瑞中，亦复如此。莅任之初，即乘浙江大学教授陈楚淮在假之机，聘为教务主任，陈赴职，由浙江大学数学系毕业的王懋椿继任，聘请英士大学讲师蒋宗周兼任理化教席，聘请中央大学毕业的曾联松教世界历史，国文教席聘请有古典文学专长的林健庵、邵成萱，又聘请了曾留学苏联、对新文学有研究的何止铮，新文坛的主将、《阵中日报》的主笔王沉”（王超六先生回忆）。

二、开展教学研究。一年里，记录了多次的教研活动，如“四月十六日下午举行英语科教学研究会。四月十七日下午举行自然科教学研究会”（《复员后一年以来本校校务经过纪要》）等。教学研究，可以提高教师的专业水准和课堂效率，可以帮助年轻老师的成长，可以提高学科的整体教学水平。

三、建设学生宿舍，尽可能让学生住校，特别是让所有的一线老师住校。“为提高学校行政效率起见,凡教职员负有重要任务及来自外地者，均住校内，完全由校供膳”（《复员后一年以来本校校务经过纪要》）。免费为教职员工提供食宿，不仅大大减轻了教师的生活负担，同时大大提高了行政效率，增强了教学效果。

四、实行月考制度。“（民国三十四年）十一月二十一日：第二次月考开始（高初中分四日举行）。”加强训练是提高高考成绩的有效途径，从今天的角度看，也有应试的味道。

五、优化管理团队。生源、师资、设施、经费等办学的要素，要发挥最大的效益，需要提高有效的管理。当时瑞中的教师，如陈仲公先生，是陈黻宸的侄孙陈怀的儿子，留学日本，学的是经济地理，国文、美术水平很高，是著名的地理教师。学生回忆陈仲公先生课内课外经常教他们赋诗填词，课上到哪里，他就画哪里，讲到什么，就画什么。非常能干，受金先生赏识，一直跟着金先生。经了解，金嵘轩先生管理学校有自己的核心团队，有几个人一直是跟着他的。金先生精细求实的管理，与精干的行政团队也有很大的关系，这也从一个侧面说明那时的校长有相当大的办学自主权。

金嵘轩先生长校瑞中一年，以他崇高的社会名望，特有的人格魅力，现代的教育理念，严谨求实的工作作风在瑞中发展史上留下了丰硕的办学成果：生动活泼的教育场景，深思力行的学校精神，交口称赞的教学质量。

二〇二一年九月十二日星期日

本文原载《温州读书报》二〇二一年第十一期（总二百九十四期）。

我和金嵘轩先生的师生深谊

俞大文

嵘师与我，谊切师生，且还是世交。嵘师逝世迄今虽时隔二十年，但追溯往事，永不忘怀。

我还清楚地记得，初次和嵘师见面时，是在六十多年前的某年夏晚。当时我正在小院里纳凉，忽然看见我的父亲春如公偕同一位身材高度和父亲差不多的、目光炯炯有神的长者一起走进门来。父亲看见我，就向我介绍，我才知道这位长者便是金嵘轩先生，他从事教育事业，任浙江省第十中学校长，他是我父亲的好友。这一年我已从瑞安中学毕业，赋闲在家。嵘师从我父亲介绍中得知我的情况，便向我父亲动员，让我继续深造去考温州十中。父亲认为很对，便于次年命我去应考，幸得录取。

嵘师平易近人，和蔼可亲，尤喜奖勖后辈。我考进十中高中部后，经常趋聆嵘师的铎教。他每次见我来，总是带着笑脸问我学习的情况及爱好。我是考进文科的，平日对于诗词尚爱好。当时十中聘请的老师都是有学问有名望的。其中有两位：一位是现在众所共仰的“一代词宗”温州人夏瞿禅老师，一位是善书钟鼎文字的武进人谢觐虞老师；他们都研精词学，擅长填词。校里专开宋词一科，作为选修，请他们为指导师。这时嵘师一再动员我参加这一选科，我同意，我自从参加学习后，对于填词一道，粗得门径，这应该归功于嵘师对我的启发以及夏、谢两位老师对我的循循指导。现在他们都已作古了，当我每次提笔填词时，不禁惹起了缅怀和感谢之情。

抗战胜利前夕，一九四五年春，我进入瑞安中学任国文教师。巧得很，同年秋季，嵘师也调瑞中担任校长。我听到这一消息，喜得欲狂。暌违嵘师已有二十来年，这时竟得朝夕相聚，时聆铎训，能不欢欣吗?嵘师叫我仍旧继续担任国文并兼理文书方面的工作。我确实很不胜任，尚幸与嵘师时常碰面，遇有不懂的地方，可以问他，而嵘师也乐于指导。

嵘师对于教育事业非常负责，经常关心教师的教课和学生的学习。他为了解我的授课情况，便经常来听课。那时领导向教师听课的制度和风气是尚未有的，嵘师开听课风气之先例。他听我的课，客气得很，不进入教室，只是站在教室门口默听，听了后，提出意见，虽然不多，但非常中肯。

嵘师在校长任内，忙得很，事无大小，都必躬亲，重视实地调查了解。他既关心老师的教课和学生的学习，又关心师生的生活。对于师生的伙食，总是经常检查，重视营养和卫生。

又每每亲往学生寝室里查号，如果发现学生在睡觉时掀开棉被，便小心翼翼地把他盖好。平日碰到学生患病，总是一再去慰问；碰到学生无力求学，就设法给他资助。

刚解放时，嵘师寓居鹿城，我住在瑞安，我每次到温州时，总是去叩谒嵘师。他一见了我，非常欢喜热情地叫我坐，第一句话就问我“近来看什么书，有什么心得，有没有动动笔”，并叫我回家后代他向我父问好。他慈和的面庞，亲切的语调，迄今还是深印在我的脑子里，永不忘记。

嵘师逝世，大家都感到失仰。然而哲人的精神不会萎，嵘师的精神将永留人间。

本文选自《瓣香集》，温州市金嵘轩先生诞辰百周年纪念筹备委员会一九八七年编印。

忆金嵘轩先生

许京安

金嵘轩先生解放前即是浙南著名的教育家。一九四五年八月，抗日战争胜利时，瑞安县立中学校长悬缺，久未得人，先生因各界邀请接任其事，知者无不欢迎。金老教书育人，治校有方，严以律己，事事都以身教，爱护学生，循循善诱。全校师生都为有这样一位教育家主持学校而高兴，且引以为荣。当时教师阵容相当整齐，校务蒸蒸日上。才及一年，金老即被调任省立温州中学校长，瑞中全校师生深感惋惜，纷纷表示挽留。当时我任瑞中学生会主席，也参与其事。可是，温州各界敦促金老到温中接事尤为坚决，我们终于挽留未成。金老在瑞中时间虽短暂，但他谨严的办学精神和长者、学者的风度，给全校留下深刻的印象。

一九八七年八月七日

本文选自《瓣香集》，温州市金嵘轩先生诞辰百周年纪念筹备委员会一九八七年编印。

手捧《同学录》 缅怀金校长

薛闾闾

今年是浙南著名教育家金嵘轩先生诞辰百十周年，我在瑞中高中部读书时，金先生曾任瑞中校长。虽时隔半个世纪，金先生慈祥和蔼的长者风度，深刻地留在我脑海中。他的道德风范、诲人不倦的教学思想，令人永志不忘。金先生治校期间不但注重教育质量，而且非常关心学生的德育成长，关心学生校友的团结友谊。他曾洞察到“在校同学对于共同研习之情绪，恒不若乡谊或戚谊之浓厚；毕业校友对于共同帮助母校建设之关心，亦不及对当日师长及学友系念之深切”（《同学录》发刊词)，遂于一九四五年至一九四六年校长任内主持编制《瑞安县立中学同学录》，作为瑞中创立四十四周年纪念品。我当时还是在校学生，发到该《同学录》时，欢欣无比，如获至宝。《同学录》内容丰富，列有历任学校主办人一览表，现任教职员一览表，现有各级学生一览表和历届毕业生一览表。并有附录，内容有校史、现有学校设备统计和一年来本校校务经过纪要等。

该《同学录》从其丰富的内容来看，不仅是学生、毕业生名录，实际是一部校志稿。由于时间短促，编制工作甚为艰巨，金先生主其事，真是“事无巨细，躬亲过问”。其中历来主办人及教职员工经历资料之收集，二千三百多名学生、毕业生名单之校核皆是殚精竭虑，学校设备及图书的统计分类，力求详尽，不厌其详，例如农场用具类竟列有畚箕四只、扁担三根，充分体现编制工作的深入细致、一丝不苟的精神。凡此种种，皆是在金先生严谨办学之风的感召下才能做到的。

几十年来，我个人历尽沧桑，离家寄旅他乡。几度迁居，许多书籍资料有损失。唯独该《同学录》，常留身边。该《同学录》封面上印的“民国三十四年六月六日”，在“十年浩劫”的不平常日子里，是够触目惊心的。可是我对该《同学录》视作珍品，千方百计隐蔽保存，才得保留至今。现在许多校友常借此“孤本”查考，我感到自豪之余，更激起对尊敬的金校长的怀念。

金先生在《同学录》发刊词中提出希望《同学录》能起联络校友、推动校友会成立的作用。金先生的期望，今天已得到实现。在瑞中今日在职领导的关心支持下，瑞中校友会已于一九九六年六月正式成立，而且北京、上海、南京、杭州都相继成立分会；校友会活动蓬勃开展，校友情谊日益增进。让《同学录》发挥更大的作用，愿校友会工作更上一层楼，作为对金校长的最好纪念。

本文原载《温州教育》一九九八年增刊。

纪念金嵘轩先生

洪　年

去年十月，我们为先哲孙诒让先生的铜像落成揭幕，今年十月，我们又将为金嵘轩先生诞辰百十周年开展庆祝活动。在不到两百年中，瑞安即出现两位大教育家，实在是难得的事。这是瑞安市的光荣，也值得我们为之高兴和自豪。

我是瑞安中学校友，一九四七年秋毕业于瑞中高中部。记得一九四五年，嵘轩先生来瑞安中学担任校长。当时，由于战争的影响，国家已是满目疮痍，抗战胜利，百业待兴，教育待兴，瑞中待兴。嵘轩先生是有名的教育家，在瑞安是位名望很高的人，听说他来瑞中当校长，师生、家长很是高兴。嵘轩先生来时，还请了一些有名的教师到瑞中任教，给我印象最深的是（浙江大学）名教授陈楚淮先生。有了好校长，有了好教师，谁都觉得办好瑞中有了希望。可惜，嵘轩先生在瑞中只当了一年校长就离位了。我们当学生的除了要求挽留外，也只是怨瑞中“庙小，容不了大菩萨”。

解放前的中学校长，不少是国民党党棍，思想反动，常是压迫进步学生，镇压学生运动。而嵘轩先生，思想进步，为人堂堂正正，总是爱护进步学生。这些事，当时是不能传闻的。最近，我参加新四军研究会浙南分会，在杭州召开“第二条战线在浙南”的座谈会，会上听安邦同志（他是一九四七年温州学生运动的领导人）介绍：一九四七年南京“五二〇”血案后，在蒋管区掀起了“反饥饿、反内战、反迫害”运动高潮，形成全国人民反蒋的第二条战线。五月三十日，温州学联会召开会议，到会有温州城区九个中等学校的学生代表。会议决定成立反饥饿、反内战、反迫害运动执行委员会，决定“六一”罢课、“六三”游行示威等六项决议。金嵘轩先生是当时温州中学校长，到会讲话。温州这次学生运动取得巨大成功，嵘轩先生的正义行动，无疑也是一个很大的支持和帮助。解放后，嵘轩先生继续担任温州中学校长，以后还当选为浙江省人民代表、省政协常委、温州市副市长等职，这与他高尚的品德和渊博的学识是分不开的。

嵘轩先生名望很高的原因很多，当时传为美谈的还有“卖田办学”的事。国民党教育经费本来就很少，而且还不到位。据说，由于学校拿不到经费，嵘轩先生卖了几百亩田，去给教师发工资。伟大诗人闻一多先生赋诗赞扬“红烛”精神，说红烛牺牲自己，给人带来光明。我想嵘轩先生就有这种精神。他真是个高尚的人，是值得人们爱戴和敬仰的人。

本文原载《温州教育》一九九八年增刊。

忆金嵘轩先生

林镜寰

我父亲留日期间，和金嵘轩先生交往较密，回国后，又一度同在温州中学工作，所以他常来我家作客，我常听到父辈谈起金先生为人厚道、办事认真、毁家办学的轶事。在金先生当瑞中校长期间，有两件事让我印象很深刻。

一件事发生在我们读一年级下学期时，一天上午课间休息后，上课钟声响起，同学们陆续走向教室时，比我们低一级的几个同学在走廊上用小镜子反射太阳光，照射到我们身上，开小玩笑。刚巧一个绰号叫“阿嫂”的男同学和我们一起，被照得眼花缭乱，我们一边跑上楼，一边哄叫说 ××× 调戏女同学。还从窗口高叫老师快来看，哄叫声被几个老教师听到了，认为真的有人调戏女同学，就告诉教务处过来调查，发现是我们在开玩笑时，当场大发脾气，批评我们乱起哄，影响学校秩序等等, 要处分。我们班有关同学都有点慌了。金校长知道后，一边向教务处、老教师做工作，说青年人好玩，不要当作大事抓，一边操着温州腔很浓的普通话在我们班上说:“学生都是青年人，平时开玩笑的事常有，不过要注意有分寸，要严肃一点，更不要乱起哄。”这件事很快平息了。

另一件事在二年级上半年时，因英语老师年轻，经验不足，而我们认为他的个别发音不对，当场提出时，他不虚心，说自己的发音是英国剑桥的标准发音，反说我们原来的英语发音不准，当场顶撞起来。于是我们就罢课，不上他的英语课，气得这位老师跑回温州家中去。当时学校有部分老师指责我们，说做得太过分了，主张要处分几个。也是金校长出面做工作，平息下来。那位英语教师负气不肯再来，教务处也准备这个学期不给我们班安排英语课了。也是金校长做了工作，请教化学的胡雨老师来给我们上英语课。有一天，金先生到我家来，对我说:对老师教学不满意，应该提出来，但应该个别地提，还要注意尊重老师，善意地提，不能当场顶撞，甚至采用罢课的方法。

本文原载《温州教育》一九九八年增刊。

金校长严谨办学

张世烈

金校长在瑞中时办学严谨，他经常深入教学实际，了解上课时课堂教学情况和观察学生下课及校园秩序。记得有一次课上，我的位置正在窗边，偶然一侧身，看到窗外走廊上笔挺站着一个人，抬头一看，是金校长。原来他在听教室里老师的讲课、在看课堂上学生听课情况。后来我曾几次看见金校长每当上课时，或在走廊轻轻走动，或在教室门外伫立。在上课前或课间休息时，有时也能看到金校长在观察着走廊上、院子里学生的活动。据说，他对在巡视中发现的问题，都要找老师们谈。大概由于金校长严谨的治学精神感染了全校老师，又渗透给了我们学生，我觉得那一年，我们学习很认真，课堂纪律很好，课余每人都写周记，校园风气也很好。金校长对学生举止仪表也很重视，记得冬天里，当时许多学生生活条件较差，御寒衣物常不足，一刮西北风就更冷，于是常常缩着脖子，喜欢两手插在裤口袋里取暖，金校长看见了，就要给纠正。早晨，师生在操场升旗、做早操，他也来。有一次在操场给我们全体学生讲话：我们要锻炼，不要怕冷，不要把手插在裤兜里，不要缩着脖子，青年学生应当挺起胸膛，要有朝气。此后，遇到冷天，我要把手插到裤口袋取暖时，就会想到金校长的话，心里犹豫起来，就不敢插了。

本文原载《温州教育》一九九八年增刊。

注重德育　办学严谨

曾衍坤

金先生注重德育、办学严谨、和蔼可亲，在瑞中全校大会上，经常教育同学们要好好学习，长大后学好科学技术，为祖国为人民多作贡献。他不仅注意课堂教学质量，而且注意实践。当时我们班上都是城里长大的孩子，不懂农事，在上农业课时，金老师特地叫林行知老师带我们到附近农田种田、种蔬菜。当时学校每天上午上课前还举行早操，全校师生都得参加，每天点名，甚为严格，记得有一天我们班做早操点名时，只有我一个人参加早操，金先生当时问我叫什么名字，并在全校师生面前表扬我遵守纪律，要给我记功，第二天校长办公室还出了布告给我记功一次，这件事给我教育很大，后来每天早操我总是早早到场。此外，金先生还大力整校风，加强课堂教育，加强考试管理，防止考试作弊，从而在学校里大力树立正气。

一九四六年，母校瑞安中学五十周年校庆，金先生主持组织了全校庆祝活动，记得校庆那天开了一个庆祝大会，晚上在瑞安剧场举行文艺晚会，有唱歌、京剧、二胡独奏等文艺演出，而且还出了一个校友及在校师生通讯录，不少班级还出了纪念校庆墙报。

本文原载《温州教育》一九九八年增刊。

感恩戴德　没齿难忘

王季通

　　嵘轩先生是近代温州教育界泰斗，德隆望重，桃李满天下。现值纪念金先生诞辰一百周年暨逝世二十周年之际，他的丰功伟绩，大家已经详细介绍，我不再赘述。特就我追随他工作十多年的亲身感受到的，略述一二，以表我对他的永远敬仰。

　　一九四五年秋，嵘轩先生接任瑞中校长，我在瑞中当职员（办文书），翌年秋，先生调长浙江省立温州中学，我也跟他到温中来了。解放前，学校里对教师、职员和工友的看法是不同的，但嵘轩先生对大家一视同仁，性情和蔼，平易近人。因此大家对他交代的任务，都乐意去圆满完成。

　　解放后，我家从瑞安迁住温州。一九五〇年春，七十多岁的老父在温州病故，我家境况贫寒，一旦遇此大故，简直束手无策。幸在中国共产党领导之下，经金先生发起向教职员同志捐助二十多元，使我的困难得以解决，衷心感谢，没齿不忘。

　　一九五二年上半年，我在午饭后扫地，突觉腹部剧烈疼痛，且呕吐不止，即赴工人医院急诊，疑似大肠套结，如果继续加重，即需进行手术。金先生闻讯，数次到医院看望我，因而医院领导和医师都很重视，悉心诊察，经过住院灌肠治疗后，即逐渐转危为安。先生关怀群众，逾于骨肉，我感恩戴德，实没齿难忘。

一九八七年六月三十日

本文选自《瓣香集》，温州市金嵘轩先生诞辰百周年纪念筹备委员会一九八七年编印。

陈仲公与金嵘轩先生的一段知遇

林兆丰

仲公先生（原名陈湜）是我二舅父，他与金嵘轩先生的相知交往，知情人现今多数已去世。这里，只能记述一点有关的背景情况，以纪念金老先生爱惜人才的博大胸怀和启用人才的开拓精神。

仲公先生年轻时就读于浙江省立第十中学（温中的前身），而嵘轩先生早在一九二三年就出任“十中”校长，论彼此关系，固有师生之谊。陈先生年轻在校时，学业优异，思想激进，后因蒋介石“清党”的白色恐怖，促使他逃亡留学日本。“七七”事变爆发后，归国参加抗战，在上海任《申报》编辑。陈先生对世界经济地理的研究颇有心得，留学期间就撰有《日本侵华企图》一文（后由商务印书局出版成册）。在担任《申报》编辑期间所写的文章，无不以一个经济地理学家的眼光，深刻揭露日本当时对华政策的侵略本质。令人惋惜的是，陈先生自幼身体虚弱，多年谋生奔波，积劳成疾，患有脊椎骨结核症。日寇进攻上海前夕，他正在一家德国人白雷德（或勃兰特）开设的医院接受手术治疗，刮除了坏死部分脊椎，移植上自身小腿上削下来的胫骨，从此他的脊椎便失去了弓腰前俯的功能。一日，日寇飞机轰炸，病房被毁起火，幸亏德籍大夫护士将他用床单兜着垂下三楼得救；并在十九路军与日寇激战硝烟中逃离上海市区。时，陈夫人（赵超构先生的胞姐）身边带着六岁和八岁的儿女，欲返故乡，旅途艰难，可想而知。天无绝人之路，巧遇一位只身逃离上海的金华籍报社员工，在这位善良人的协助护送下，舟船辗转，翻山越岭，将他俯卧在一张小竹床上抬回到瑞安。紧接着日寇沿浙赣路南下，沿海有日舰封锁，隔断了他与外界一切联系，蛰居故乡养病。经历了“俯（卧）三年，仰（卧）三年”，才得起坐站立。

金嵘轩先生出任瑞中校长（一九四五年至一九四六年），正当我在校读初中毕业班，一年的任期内，我也深切感受到学校日新月异、欣欣向荣的景象。其时，仲公先生依靠两支拐杖已能站立行走，在他胞兄陈谧先生主持校政的瑞安初级师范担任一周四节课的小量教学。一九四六年下半年，金嵘轩先生调任温州中学校长，可能出于他自己对仲公先生才学的了解和赏识，便聘陈先生随自己到温中任教。当时，就健康情况讲，陈先生离开家人照料，生活起居自理尚有困难，但他对金老先生的相邀，自认为是知遇，毅然受聘，并让应届瑞中毕业的儿子（兆瑞）报考温高以便照料自己，住进了教工单人宿舍。一九四八年，仲公先生返回故乡担任瑞中教师，一直到新中国建立以后，在管文南校长任内，任校委会副主任兼教导主任。一九五三年，仲公先生受聘为温中教导主任，举家迁往温州安居。

在金校长的介绍下，仲公先生后来加入了民主同盟，并积极协助金先生开展民盟的工作，不想竟招致一九五八年被错划为右派。仲公先生“戴罪”十五年，未能等到十一届三中全会的召开，便在迷惑和沉思中默默地仙逝于温州中学教工宿舍。

仲公先生的一辈子，前半生是壮志未酬身先残，后半生则是在沉默中仙逝。可以欣慰的是，自抗战胜利至新中国建立初期他追随金嵘轩先生的十多年时间里，总算发挥了自己应有的光和热。如今，金嵘轩先生得到家乡人民如此尊崇爱戴，我想仲公先生在天之灵，也就无怨无憾的了。

一九九七年八月于烟台

本文原载《温州教育》一九九八年增刊。

缅怀乡先哲金嵘轩先生

王阜彤

金嵘轩先生的家乡林垟，与我的家乡郑楼相隔只有二华里，他的哲嗣志庄、志纯，与我年纪又甚接近，我们关系是相当密切的，可他们都已先后仙逝了，不胜哀悼之至。我与嵘老相处之间，最使我难以忘怀的有三件事：

一、一九四五年七月，我原在平阳县立中学任桥墩分部主任兼国文教员，因为该分部停办了，嵘老得知这个消息，就聘我去瑞安县立中学任教。可我原是浙江大学龙泉分校国文专科毕业的，当时，我们班级的同学曾打报告请示教育部，要求继续升学，拟读完国文系本科课程。教育部曾指示说："先去任教一年，再来继续升学。"我这时已经任教一年了，怎么办?我与嵘老商量，他当机立断地说："应该继续升学，瑞安中学可以另聘教师。"嵘老确实是个处处为别人着想，把困难留给自己的学者。

二、一九五六年八月，我从温州师范学校调到温州师范专科学校担任中国古典文学课程。一九五七年三月，市委上报省府任命副市长金嵘轩兼任温州师范专科学校第一任校长。在这期间，他关心教师的教课和学生的学习，经常与市府领导前来听课，此后逐渐形成风气，甚至影响到东海舰队许多官兵以及社会上爱好古典文学的一些同志，也按时前来听课，以致教室无法容纳，另迁在大礼堂上课。一九六〇年前后，国家遇到严重的自然灾害，为了调动知识分子的积极性，市统战部与民盟组织（嵘老为民盟主委）指派我代表民盟赴京参加为期三个月的“神仙会”。回温后，市统战部组织传达，民盟市委及基层组织也举行一系列“神仙会”活动，在一定程度上调动了盟员的积极性。

三、我在京参加“神仙会”活动，生活待遇是极其优越的，单就伙食费开支来说，每人每天得开支二元钱，其中一元由会议支付，另一元自负。我当时每月工资只有一百零五元，要负担全家十口人的生活。于是曾向有关领导提出要求：可否让我与工作人员一起用膳，因为他们是全由公家支付的。当时有关领导认为这样做，会造成诸多不便，我只得顾全大局了。返温时，金主委得知这个情况，当即决定全部向民盟市委报销，但当时民盟市委的经费也是相当拮据的，却为了我个人生活上的困难而承担了这个责任。嵘老办事处处为别人着想，这又是一个具体的例子。

嵘老一生为祖国、为人民作出卓越的贡献，他家乡的父老乡亲曾于一九八七年在林垟镇建造嵘轩亭，以表景仰之诚，我也曾为此撰联，对嵘老确实有说不尽的崇敬和悼念，其词曰：

奋铎济时，典型常在，首称立德；

输财兴学，桃李不言，下自成蹊。

本文原载《温州教育》一九九八年增刊。

金嵘轩先生恩泽建国商校

蔡　元

金嵘轩先生是受人敬仰的教育家，毕生致力于教育救国、建国、强国事业，其功卓著。金先生对永嘉私立建国商校（温七中前身）的生存和发展具有不朽的贡献。

建国商校于一九四四年春由张淼先生发起筹建，因日寇侵略、温州第三次沦陷而停办。一九四五年日本投降后复办。金先生和吴百亨先生等曾任商校董事会的董事。一九四九年五月温州解放，市军管会改组商校董事会，众推温州中学校长金嵘轩先生为董事长、徐光蘧先生为校长，两人志同道合、办学默契。当时百业待兴，董事长面临的最大难题是自筹办学经费。嵘轩先生以坚定的教育建国、共济时艰的信念，走自力更生之路，以他的声望函请温州旅沪同乡会和温州工商界募捐赞助，逐步使商校走出困境。那时商校在金、徐两先生主持下，进行重大变革，取得优异成绩。

“赞助只救急，不能济贫”，嵘轩先生对于商校生存和发展，耿耿在怀，开拓渠道，筹措办学经费。一九五一年迎接经济建设，商校创造性地附设会计补习学校，采用单科选修制，这样的学校符合在职职员和非在职人员就业的需要，培养了大批财会人员，累计二千四百八十四人，为国家的经济建设作出了贡献。学费收入弥补了办学经费的不足，也解决了教师的生活困难。

办好商校具有现实意义，靠自筹办学经费不是长久之计，嵘轩先生有鉴于此不遗余力地奔波，向省、市人民政府有关部门陈述意见，请求接管公办。一九五二年浙江省教育厅和浙江省供销合作总社宣布，建国商校从当年八月份开始划归省合作总社领导，培养全省供销合作系统的财务、会计、统计人员，并加设了财会和统计两个专业班，全部学生享受人民助学金。于是商校获得生存，得到发展，出现鼎盛时期。嵘轩先生恩泽商校，恩泽学子。

建国商校高商毕业十六届，计六百八十九人，初商毕业七届计三百四十九人，共计一千零三十八人，分布在全省二十一个县市和解放军的财经战线上，为建国兴邦、振兴中华而服务。而今这些学生都已白发斑斑，先后离退休，饮水思源，值此纪念嵘轩先生诞辰百十周年之际，缅怀先生为商校生存和发展所作的贡献。

本文原载《温州教育》一九九八年增刊。

与金校长同赴杭城参加省首届人代会的回忆

许演柽

一九五〇年七月出发前数日，接通知去市府礼堂小会议室开座谈会。主持人为曾绍文市长，参加者为军界、政界、工商界、教育界、学生界等代表，我认识的只有军分区司令员周丕振同志、政界曾绍文市长、教育界德高望重的金嵘轩校长、工人代表金志芳等数人。他们都是由各界推荐产生参加省首届人民代表会的代表，我是作为学生界的代表（当时我在温中读高中）。座谈会介绍了省首届人民代表会的重要性及组成，并确定出发的具体事项。

一九五〇年代的温州，去杭州是很不方便和艰苦的。天上无飞机，地上无火车，海上又被残匪霸持，甚至连公路也不通。代表们在出发当天，纷纷由各方来到西角老码头，分乘十数只舴艋船，待涨潮时随潮水向青田而上。在上船前，曾市长亲切地吩咐我："旅途很辛苦，要多多关照年长的金老。"我当然义不容辞，按首长的指示，尽量做好这一切。当晚，夜宿青田石门洞，在狭小的船上睡觉，随行战士担任警戒，以防敌特的破坏，安静地度过一夜。次日早晨，十数只船前后拉成一排，在桨声阵阵下逆水向丽水而行。早饭后，我们到船头、船尾看看美丽的景色，青山绿水令人陶醉，又看船夫们有时划桨，有时撑杆，有时拽缆，不停地辛勤劳动着。遇浅水滩时，我们几个年轻的小伙子还下水帮着推船，顺便洗手、洗脸、又洗衣，还唱着革命歌曲，十分开心。当看到远远的高山上一座佛塔时，大家不约而同地喊着："丽水快到了，丽水快到了！"

当时的丽水还属温州地区，到丽水后休息数小时，天亮时由当地武装护送，乘汽车向金华出发。这时的公路没有正常的养护，特别是丽水出来不久，至缙云一段，两边高山峡谷，沿着溪边逶曲延伸，急转弯不计其数，满是泥沙、石子，车子颠簸不停，车后黄尘滚滚，不说年老者，连年轻人也感到难受，有的甚至呕吐不断。我看看金老，他神态自若，注视着前方，没有丝毫不适之感，真是令人羡慕！

抵达金华之后，改乘火车去杭州，总算松了一口气，可以在车上走动，活动活动手足。到杭州时，已有招待处同志接待我们，安排到西湖畔沧州饭店住宿。这座饭店当时在杭州还算不错，在楼上可观看西湖全景，出去散散步也挺舒适与方便。

省首届人民代表会议在庄严的国歌声中开幕。省委书记谭震林同志宣布会议开始，并作《在全省轰轰烈烈开展土地改革运动》的报告。代表们听后热烈鼓掌，在小组讨论会上纷纷表示自己的态度与立场。金老首先发言:“坚决拥护土地改革运动,并要认真学习,带领师生参加这一运动。”在发言之外,金老还在休息时间坚持学习会议文件,准备下一个发言。他的俭朴生活,兢兢业业精神,感动了温州代表团的每一位代表。会议开了七天,省委副书记谭启龙同志作会议总结报告,并布置今后的任务。会后全体代表摄影留念,并参观了杭州新建的麻纺厂。次日各代表便纷纷地离开杭州,回到自己的工作和学习岗位。

这次会后,伟大的土地改革运动便在全省轰轰烈烈地展开了。十月,学校动员学生参加土改。我是会议的代表,深受会议的教育,在校方宣布这一动员之后,便带头上台报名参加。当时报名的同学很多,经组织批准的有:郑品珍、宋文鸾、吴秀婵、张兆华、陈教泽、李文栋、黄素新、薛存朴、戴光寿、项有仁、叶希劲、张崇恺、孙娱璋、王唯一及我等十五位同学。不数日,便离开母校,到地区干校学习一个月,分赴文成、乐清两地参加土改。没想到从此一别母校及敬爱的金老,虽有机会回到母校,但再也没有机会见到金老并聆听教诲,深深地感到遗憾与惋惜!

本文原载《心声》第十五、十六期,温州中学初中部一九四五年到一九四八年春届校友二〇一一年编印。

永难忘怀的记忆

周笃生

我认识慕名已久的温中老校长金嵘轩先生，是在解放初期。那时我在共青团温州市工委任职，不时到温中调查了解青年学生的思想学习情况，并常和该校领导一起研究学校共青团的工作，金老每多躬亲其事。特别是一九五〇年和一九五一年两次大规模动员青年学生参军、参干运动，金老更自始至终亲自主持学校行政领导的研究部署，悉心指导教师做好这项工作，终使该校百分之九十以上的学生响应国家的号召，踊跃报名。虽然当时真正批准参加的只是百里挑一，但对全校师生无疑是一次深刻的爱国主义教育。在那段与金老相处的日子里，我耳濡目染，对他那种朴素无华、平易近人的作风，以及与教工共事无间、对学生关怀备至的精神，真是不胜敬佩之至。我为自己能结识这样一位德高望重的教育界老前辈而深感荣幸。

一九五一年暑假，我获悉这座名师荟萃、在浙南最负盛名的学校再招收一届初中生，以后便只招高中生了。我为当时还差一年才小学毕业而成绩优异的弟弟周慎惋惜。我抱着试探的心情向金老作了说明，想不到金老立即批准我弟弟以同等学力的条件报考该校，终蒙录取。这样，我的弟弟得以顺利地从温中的初中部升入高中部，并于一九五七年考入高等学校，成为我家祖祖辈辈梦寐以求的第一个大学生。如果我弟弟迟一年报考大学，将会因我一九五七年下半年的被错划而受到株连，其际遇将截然不同。我和弟弟每次重温这“一年之差”的历史，在感慨由于极左路线的干扰，而使有些人才被埋没之余，无不深深感念金老生前对青少年的爱护和扶掖之恩。

一九五四年我奉命着手创办温州第一初级中学（现为温五中）。我虽在参加革命前，担任过小学教师、校长，解放后曾有志继续献身教育事业，但作为一个普通师范毕业生，竟然挑起中学校长的担子，无论资历、学识都是难以胜任的。当时，金老是市民盟主委，他出于对我办学的关怀，有意以“一初”为市民盟的工作重点。学校开办不久，我即有幸亲聆他对如何依靠教师办好学校的经验介绍，后来他还派人来“一初”筹建民盟的基层组织，吸收教学骨干金徐銮（以后入党）、黄振中等入盟。“一初”民盟组织成立后，开展了一系列活动，有力地协助党组织团结中老年教师，使他们心情舒畅地为办好学校而努力，终使新开办的温州第一初级中学的教学质量，一开始就获得社会的好评。

一九五六年我受命到温师主持工作。这是一所具有悠久历史的学校，校里中老年教师占多数。当时学校党、团组织虽比较健全，但是没有可作为党团结中老年教师纽带的民主党派组织。而要办好温师，其关键正在于如何调动中老年教师的积极性。可幸的是，我到温师就职伊始，金老又决定以温师为市民盟的工作重点，不久便吸收金作镐（以后入党）、薛永杭等教学骨干入盟，成立了民盟基层组织，帮助党在中老年教师中开展了许多有益的活动，很快使这所古老的学校呈现青春的活力，出现了学校党群关系融洽、教师空前团结、思想活跃、努力献身教学的大好局面。

总之，我参加革命以后，有机会于五十年代中期实现到教育第一线参加办学的夙愿。如果说那时曾经取得了一点成绩，除了党的正确领导外，与教育界老前辈、浙南著名教育家金嵘轩先生对我的垂爱、支持也是分不开的。

在纪念金嵘轩先生诞辰一百周年纪念之际，谨志我以上永难忘怀的记忆，以表我对金老的崇敬和怀念。

一九八七年七月二十九日

本文选自《瓣香集》，温州市金嵘轩先生诞辰百周年纪念筹备委员会一九八七年编印。

爱国民主人士的光辉典范

郭绍震

金嵘轩先生是近代浙南著名的教育家，也是一贯同情革命、支持革命的爱国民主人士。

无论建国前或建国后，他追求真理、坚持进步的立场是一贯的。早在幼年，深受塾师金稚莲的影响，就埋下不满现状的种子，对横行乡里的土劣深恶痛绝。二十岁以后求学于日本，与革命党人章太炎、陶成章结识交往，接受了民主革命思想。他整个求学过程，从东京东亚日语预备学校，至东京高等师范学院毕业，先后十五年，都在日本度过。四十岁时又去日本任留学生监督处学务科长一年多。因而对日本情况非常熟悉，甚至个人生活习惯也有些日本式的。他目睹日本侵略中国的种种行径，义愤填膺，曾撰写《日本对华的文化侵略政策》，洋洋数万言，深刻揭露日本对我国文化侵略的实质，大声疾呼："大事临头，不能坐以待毙！"他提出"训练国民性"作为救国途径，实行"教育救国"，拳拳爱国之心，感人肺腑！

他担任十中校长期内，支持革命，暗中保护进步学生的许多事例，已为世人所共知。如一九二四年秋请谢文锦来校宣传十月革命；一九二五年学生蔡雄、苏中常（渊雷）等参加温州学联工作，遭军阀忌恶，欲加迫害，先生得悉，力加保护；一九二七年春，学生陈适、朱澄（练加）被列入黑名单，先生得知便暗中转告，劝其及早躲避。他第二次任温中校长期内，同样支持革命，多次暗中保护进步学生。如一九四七年学生安邦等在校图书馆集会响应“反饥饿、反内战、反迫害”运动，先生应邀到会作了同情和支持学运的讲话；一九四八年国民党师管区密令查究共产党分子，先生一面拒不执行，一面暗中把密令给学生吴崇源看，劝其活动要注意隐蔽。这是在白色恐怖下冒生命危险支持革命的行动。这些都是当时受暗中保护的学生解放后讲出来才知道的。一九七九年为先生开追悼会时，学生陈时敏有挽联云：“虎口得余生，长念恩师功德；凤山成初犊，难忘儒雅音容。”我们见后才知陈时敏也受过先生保护，类似这个情况，想必还有不少。这说明先生在旧社会，不满反动统治，同情革命、支持革命的立场是一贯的。

解放以后，先生的思想更有新的转变。他在一九五一年思想改造运动中说：“数十年来，我抱着一颗赤诚的心，从事教育事业。可是，盲人骑瞎马，暗中摸索。直到今天，才给我找到了方向和道路。”因此，建国以后，他的心情很愉快，衷心地拥护中国共产党的领导，走社会主义道路。

上面说过，一九四八年先生拒不执行查究共产党分子密令后，于当年六月曾向省厅提出辞职，他借口年已花甲，请求隐退，实际是他对反动统治极为不满，看穿了国民党政治的黑暗。他曾对政治抱“三不”态度：一不看报纸，二不谈政治，三不参加政党。可是，至一九五一年八月先生毅然参加了中国民主同盟。这一重大转变，是先生一贯同情革命、支持革命的思想发展的必然结果。

先生的入盟，对当时温州知识界产生巨大的影响。一大批学有专长的中上层知识分子如沈炼之、谷寅侯、徐光蘧、林镜平、王居素、黄问羹、金作镐、陈修仁、陈逸人、洪特民、杨锐礼、苏尔寿、王锦光等都纷纷加入民盟。今天在座的许多老盟员也是继金先生之后入盟的。盟员队伍从此壮大起来。温州民盟是温州最早成立的民主党派组织，成员也是最多。一九五四年我们召开了第一次盟员大会，正式成立民盟温州市委员会。先生当选为首届民盟温州市委会主委。那时先生已六十七岁高龄，他除担任温一中校长繁重任务外，还负责温州民盟的领导工作，表现出极大的政治热情。

金先生对于温州民盟工作十分重视，我们现在回忆归纳起来，他大体要求民盟工作注意四方面：一要主动争取党的领导；二要将工作重点要放在基层；三要建立工作制度；四要全面关心盟员。在先生的主持下，那段时间温州盟务开展得朝气蓬勃。

现在就上述四个方面，简单回顾如下：

党盟关系。那时，党盟关系十分融洽，冯增荣同志、李方华同志先后兼盟副主委，经常来具体指导工作，统战部仇雪清部长也常来讲话。全市教师政治学习领导小组，盟市委也有人参加。我们编印活页的学习辅助资料，密切配合全市教师学习，深受盟内外教师的欢迎。各单位民盟基层组织活动纳入基层党政领导的工作计划。那时各校还很少有党员，基层党组织也十分主动重视发挥民盟的作用，希望通过盟员来保证学习和业务的顺利开展。盟员也感到有光荣感与使命感。那时党盟关系正是现在所说的“肝胆相照、荣辱与共”。

基层组织。那时盟的基层干部，队伍整齐、力量雄厚，各基层盟员负责人都是业务骨干，金先生经常指示盟干部要下基层，谁联络什么基层，都有一定分工。各基层组织活动也很正常，每周过一次盟组织生活，请党领导列席，市盟干部也参加。当时还运用知识分子乐于接受的推心置腹的和风细雨式的批评与自我批评。因而有些盟员感到盟内的“温暖”。

工作制度。工作制度化是先生一贯坚持的工作作风。他主持盟务后，建立了一系列工作制度，包括办公制度、学习制度、组织生活制度、会议制度、下基层制度、计划总结制度、汇报制度，等等。在遵守制度方面，先生总是自己带头，言传身教。会议他总早几分钟到，听报告总是记笔记，学习本子写得密密麻麻，学习会上总是敞开思想，亲切交谈。他主持会议，有时也要我们列个发言提纲，而他并不照本宣读，当他离开提纲而自己发挥的那几句话往往是最动人的。有一次他亲自到建国商校民盟小组参加他们的组织生活。他十分重视汇报制度，亲自听取我们下基层的情况汇报，还要求我们按月写成书面。把学习中疑难问题汇报给中共市委宣传部，由高光部长作辅导报告解答。这种有制度地开展工作，曾受到盟中央通报表扬。

关心盟员。金先生诚挚待人，是有口皆碑的。他要求民盟工作要全面关心盟员的思想、工作、学习和生活。纪念先生诞辰一百周年的《瓣香集》里有许多回忆先生关心学生思想、身体、学习、生活的文章。商校叶志和先生在金先生关怀下找到工作。蔡渭溪先生的工作也是金先生帮助解决的，因而蔡渭溪于先生一百周年诞辰之际为先生塑像以示报答。

今天我们纪念金嵘轩先生诞辰百十周年，我们要继承民盟优良传统，发扬金先生的爱国民主精神，进一步巩固和发展统一战线工作，全盟共同努力，把我们致力的社会主义教育、科技、文化事业做得更好。

本文原载《温州教育》一九九八年增刊。

回忆金嵘轩老同志

胡显钦

金嵘轩老先生作为我们文教界名著世纪的老长辈，青年留学于日本东京高等师范，结识章太炎、陶成章等著名革命党人，接受孙中山民主革命思想，学成返国，立志教育。二十年代初，首在瑞安与同里周予同、李笠创“知行社”，联络青年知识分子进行教育普及。一九二一年起历任浙江省立第十中学、第十师范、省地方自治专修学校、江苏镇江中学、福建师范学校、温州师范学校、瑞安县立中学教师、主任、校长等职，抗战时深入永嘉山区创办济时中学，独任其难。解放后继任温中校长，三长温中，先后达廿五年。据苏渊雷先生回顾，他是历时最久、建树尤多，始终热爱真理、坚持进步的温中校长。他回忆一九二四年秋在军阀割据黑暗时代，金先生不计个人安危得失，毅然邀请从苏联回国的校友谢文锦同志莅校，公开演讲，宣传十月革命。先生同情革命师生的地下活动，支持蔡雄烈士主持温州学联工作。民国时期金先生虽不满当时政治腐败，但尽瘁教育，延聘良师，甚至变卖家产充作温中欠薪，尤为世人所乐道也！

一九四九年五月七日温州和平解放，历史掀开了崭新的一页。中国共产党遵循联合各民主党派，坚持党领导下“长期共存、互相监督、肝胆相照、荣辱与共”原则，为了适应解放后迅猛发展的形势，中共温州市委决定改进民主党派同时适当进行发展，在统战部关怀和帮助下，民盟在组织上确定以文教为主，以进步知识分子为骨干的原则。一九五一年温州一批文教科技界著名人士参加了民盟组织，金嵘轩（温中校长）同沈炼之（历史学家、温二中校长）即在此时参加了民盟。为了加强领导，金嵘轩、胡显钦、魏忠、林荣澄、陈松培、游止水、方恭敏等七人改组了温州民盟临时工作委员会，推选胡显钦为代理主委。盟领导得到加强后，民盟工作进入新阶段。当时金嵘轩同志于一九五〇年一月已任温州市第一届各界人民代表大会协商委员会副主席，代表文教科技界领导，我任常务委员。

温州民盟在吸收金嵘轩等同志改组了领导后，又接收了一批有影响的同志入盟，积极号召盟员投入各项政治活动，在全市范围响应开展抗美援朝、土地改革、镇压反革命和知识分子思想改造。金嵘轩同志在全市中学教师大会上带头作了自我检查，由于他毕生从事教育工作，德高望重，他的真心诚意结合自身作为知识分子非无产阶级的思想如何向工人阶级学习，产生了巨大影响。继金嵘轩同志之后，陆续有十五位盟员，在运动各阶段先后作了典型发言，包括我个人（当时任温州高级工校校长）亦首先在大会上作了自我检查。由于金嵘轩同志带头检查，从而带动了教师队伍，推动了运动发展，并有六七位表示要求入盟，壮大了民盟组织。

一九五三年七月盟分部在建华中学举行第一次全体盟员（九十二位）大会，盟中央申葆文莅临指导。金嵘轩同志致开幕辞，宣布会议中心任务是结束临工会，选举产生盟分部第一届委员会，重点讨论面向文教建设问题。我作了临工会工作报告，充分肯定四年来成绩。会议选举了金嵘轩同志为主任委员，我和冯增荣为副主委，大会号召全体盟员大力加强学习盟中央指示，积极参加文教建设，在各级党组织领导下，加强盟政治思想工作，以自我实际行动带领群众一道前进，完成各时期文教工作。

一九五五年三月，盟市委召开第二次盟员大会，金主委作了工作总结，强调在过去成绩的基础上，要在党政统一领导下，加强联系群众，充分了解盟员和群众的正确意见和合理要求，提供给党组织参考，发挥党的助手作用。大会改选时，金嵘轩继续当选主委，我和李方华为副主委。此时国内形势一片大好，社会主义改造已基本完成，各条战线的建设蒸蒸日上，盟组织日益发展和巩固，基层组织十分活跃，在学校中盟影响力和组织地位显著提高。

一九五六年一月，周恩来总理作了《关于知识分子问题的报告》，指出知识分子绝大多数已成为工人阶级一部分，接着毛泽东主席又阐明“百花齐放，百家争鸣”的方针，这一切都极大鼓舞了知识界的政治热情。一九五六年七月间据盟市委统计，不到半年就有十一位盟员参加了共产党，有七十三位文教界人士参加了民盟。我今天提出了以上成果，都同金嵘轩同志担任多届民盟市委主委，他热心在党的领导下推进民盟的全面工作分不开的。

一九五五年六月，温州市第一届人民代表大会金嵘轩同志致开幕辞，并当选为温州市人民政府副市长。经一九五六年第二届及至一九六二年第四届、一九六三年第五届均继续当选为副市长，一直分管温州市文教工作。多年来温州市文教事业的蓬勃发展是在中共领导下同金嵘轩副市长努力贯彻实施分不开的，所以金先生是一位德才兼备的教育家，又是爱国爱民、忠诚于党、爱护民盟的革命政治家，是我们永远敬仰的长辈。他一生从事革命、从事教育的丰功伟绩永久记入史册，永久长青！

二〇二〇年七月二十日

选自《话桑楼》二〇二〇年第一期。

哲人已远　教诲长存

谢安镠

嵘轩先生和我同乡，又系世交。幼年在家已闻其名，睹其丰采，对其为人深感敬佩。解放后二度共事，直接受先生言传身教，得益匪浅。对先生的高尚人品，勇于进步精神，记忆犹新。兹值先生百年诞辰，特记先生二三琐事，和后学共勉。

我的外祖父陈霖，字亦廉，清末秀才，家贫无力继续求学，受聘本地金姓私塾，为嵘轩先生塾师。我年幼时，外祖父已去世，时先生名望已高，为乡里所敬仰。但每逢新春佳节，只要先生本人在乡，均来向我外祖母拜年问安，我与外祖母同住，我母幼时亦曾随外祖父读书，先生亦以师妹称之。解放前外祖母及我家如有生活、就业困难，先生无不给予援助。故我长辈经常向我道及先生之为人。先生家是林垟地方大户，又声望很高。解放前每遇天灾人祸，青黄不接，稻谷歉收，粮价飞涨时，先生即主动召集地方富户商议救济，而自己则率先开仓，凭乡民每日所需印发购米证，促使其他富户亦相继效法，使贫民日有廉价粮米可买，得以强度生计。

解放初，我在民盟温州市委会机关工作，先生为民盟温州市委会主委，我第一次在先生直接指导下工作，亲聆教诲。先生为人诚挚、待人平易、工作勤奋、积极进取，实为我辈楷模。先生时年已近七十，仍孜孜不倦学习政治理论，与我们年轻的机关干部共同学习，探讨国家政策方针及民盟有关性质任务。解放前先生爱国、民主、进步思想行动已为人所共知，这时更青春焕发，对党、对革命事业的诚挚感情与日俱增，在他的报告、讲话中，对党赞扬备至。当时在知识分子中虽对党对革命十分信服，但总以“民主人士”“党外人士”自居。记得先生在思想改造运动后不久一次盟员会议上，讲述个人的感受时，第一次对共产党称为“我们的党”。这简单的四个字，不仅发自内心，而且在当时老一辈知识分子中实属罕见。在场的不少盟员同志深受感动，也使我们盟机关干部为先生这勇于追求进步、充满激情的发言，感到衷心的喜悦和无限的振奋。

一九五五年，先生被选为温州市副市长，分管文教工作。我又调到市政府文教办工作，有幸再度在先生的领导下为先生作具体工作的助手，工作深受先生的信任，听取先生教诲，更了解先生责己严待人宽的作风。一次办公室秘书错把先生长女从台湾经香港转国内送来的家信，混在人民群众给市长来信里一起拆封送阅。事情发生后，秘书慌了，把信交给我转告先生。当时我国虽无法律明文，但擅拆市长私人家信，总是错误，特别是来自台湾的家信。我亦感到事情严重。一怕先生责怪，二怕先生误会。事已至此，只得向先生如实汇报，并为秘书的失误作检讨。但先生却微微一笑说:“请她（指女秘书）不必介意，以后注意些就是了。”一场重大的失误事故便轻轻过去了，事后秘书在党内作了自我批评，我向先生说了，先生反而说:“不必为难她，青年人疏忽难免，我事先也没交代。”先生的豁达大度，对下级宽容的长者风度，使我们深受教益。

先生离开我们已二十年，但他的处事待人的这些小节中所表现的高尚品格永留我的心间。在那乌云翻滚的年代，温州城“派战高潮，枪声不断”之时，先生不幸逝世。我与先生家仅一巷之隔，竟不知其已离人世而无法最后见先生遗容一面，每念及此，深感痛惜。

一九八七年七月二十一日

本文选自《瓣香集》，温州市金嵘轩先生诞辰百周年纪念筹备委员会一九八七年编印。

忆副市长金嵘轩先生

谢安镠

一九五五年，继我市水利专家徐赤文副市长调省水利厅工作后，金嵘轩先生被选为我市副市长。他是第一位以民盟温州市委主委身份荣任副市长的，不久我也调市府办公室，跟随金先生身边工作，历时一年。金先生出身旧社会，对国民党的政治腐败深恶痛绝，所以他洁身自爱，不参与政治、君子不党的清高思想有相当的基础。参加民盟，并担任市委主委，是他参政意识的一大进步。一九五二年思想改造后一次盟内大会上，我们惊喜地发现他第一次称共产党为“我们的党”。他在政治思想境界上又大大地跨跃了一步。这固然是建国后几年经济发展、社会进步、人民生活安定、国家政治清明对他的影响，也是金先生自身摆脱旧知识分子思想束缚努力的结果。这是他以后从事政治活动，担任副市长直接参与新中国政权建设的重要思想基础。

金先生当选副市长后，从温州中学校长室搬进了市府大院，和市委、市府领导同志住在一起，生活上照顾是很周到的，但他感到很不满意的是同老朋友、老同事来往不方便了。一次我问他生活有什么问题时，他表示无可奈何的是来看他的人少了，大门进来不方便，因此他经常独自一人外出，下基层，看朋友。有一次市领导发现金先生不在市府，问办公室警卫组的人都不知道，为此领导批评我们如果出了问题谁能负责?我们大家都慌了。事后我们请金先生有事外出请他带秘书或警卫，特别强调他年事已高要注意，可他只是笑笑。后来他告诉我去看朋友带着秘书或警卫很不习惯。我知道，今后这样的批评我们还是少不了要多挨几次的。不过以后在上班时间，金先生如有外出都会和我们办公室打招呼。但不管怎么样，金先生当上副市长以后，深入基层、深入群众、平易近人的作风始终没有变。尤其是他待人诚恳，关心下级，心胸豁达，是令人十分敬佩的。

金先生的两个女儿一直在台湾，五十年代尚有书信来往(通过香港)。金先生担任副市长后，群众给他个人的来信也很多，这些群众来信每天经过办公室的内外收发、拆封、分类，由办公室汇集，是我或秘书送交金先生阅处。但先生的私人信件是原封不动，不能拆封的。有一次内收发（一位女同志）把金先生女儿从台湾寄来的信件拆后才发现闯了祸。因为首长的信不能乱拆，尤其是海外私人来信，怕金先生误会对他的信件进行检查。结果办公室专门开会，对她进行批评，要她写出检查，并由我向金先生作出解释。当我将已拆的信件交给金先生并向他作了解释和处理意见时，金先生连忙说:“不要紧，也不要批评她了，为难她了。”我们认为是一场重大错误事件，在他的宽容态度下，我们心情放松了不少。

金嵘轩先生担任副市长时已年逾古稀，而我们当时还是二十多岁的年轻小伙子，而他的工作劲头，对工作的认真态度，一丝不苟的精神，仍然是我们的榜样。他当时分管文教体卫工作。一次我陪他听完了一天各部门的工作汇报后，晚上和他一起分析整理材料到深夜，我劝他先去休息，余下的工作由我赶完，明天上班前放在他办公桌上由他审阅。当时已是过半夜了，他去后，我继续整理材料。当我把材料稿整理完毕时，已是早上五点钟天刚蒙蒙亮，哪知道这时金先生已经来到我的面前，说自己年龄大，记忆力不好，想早一点多看几次以便记住，这使我骤然涌起一股崇敬之情。

一年多的相处，使我对金先生的从政热情、工作劲头、个人作风，特别对党、对群众、对我们民盟的态度，有更深切的感受。金先生不愧是我们全体盟员、知识分子的楷模。

本文原载《温州教育》一九九八年增刊。

嵘老担任副市长以后

李方华

嵘老自一九五五年担任副市长以后，职位变了，地位变了。但我觉得，他的思想和作风都没有变。他仍然是那么和颜悦色，至诚待人，仍然是一位忠厚长者、蔼然仁者、恂恂儒者，不改教育家本色，依然是长者风度。然而说他都没变也不对，事实上，他年逾古稀，确也有些变，他的精神变得更振奋了，学习变得更用心了，干工作变得更有劲了。一句话，就是他为人民服务的思想变得更强烈了。我们常常看到他戴着老花眼镜，全神贯注地学习党的方针政策，学习有关文件，遇到文件上的重要句段，就用红笔在下边划上一道又一道的红杠，还在文件的天地头，用苍劲的蝇头小字密密麻麻地写上批注。他深入基层，深入群众，常常不顾年迈，不辞劳瘁，不避严寒酷暑，亲自下基层了解情况，督促工作。各校师生下乡参加三秋劳动，他有时也下乡，亲自到田间看望和慰问在劳动的师生。建国后，文教领域诸事待兴。他身为副市长，分工主管文教工作。温州师范专科学校（今温州师范学院前身）、温州市实验小学（现改为市第九中学）、市少年体育学校和市教育局教研室等教育机构的创立，都是他在党的领导下与教育部门的负责同志一起部署筹备工作的。他还曾兼过温州市师专和市少体校的首任校长。温州市区现有的文教事业规模，都还是嵘老任副市长期间，在党的领导下，与文教部门的负责同志一起精心筹划、奠定基础的。

嵘老非常关心全市教工的生活和健康状况。一九五六年暑期，在他的支持下，在江心屿举办教师休养所，先后接纳了三批共一百余人参加休养，结果平均每人增加体重四斤，取得了显著的效果。

嵘老担任副市长以后，事事处处带头响应党的号召，为群众作出表率。他支持孙辈晚婚。一九六〇年他老伴去世，当时一般人因受习惯势力的羁绊，对火葬尚多顾虑，他说服家人，坚决将其夫人的遗体送去火葬，同时不通知任何亲友，丧事完全从简。他还致书其孙恒昀，说明实行殡葬改革的好处。

嵘老担任副市长以后，身兼多职，他却老当益壮，统筹兼顾。他是民盟省委副主委和温州市委主委，常亲自下基层与学校领导一起研究基层盟组织的建设工作和如何发挥基层盟组织应有的作用。温师（现并入温师院）、温州市第一初级中学（现改为市第五中学）等校的盟组织就都是在嵘老的协助下先后建立起来的。

嵘老担任副市长以后，一直仍兼温中校长。他对温中有着深厚的感情，经常过问温中的工作。遇有重大事情，他更是热情地与温中领导一起具体研究。一九六二年是温中建校六十周年大庆，嵘老兴致勃勃地亲自主持校庆活动的筹备工作。他趁因公出差之便，登门拜访沪杭等地的著名校友苏步青、周予同等学者、教授，约请他们写纪念文章。还在江心屿召开老校友座谈会，当时参加的有温中创办伊始由清末国学大师亲自礼聘来任的第一代英语教师的陈守庸，留美棉花专家、曾任安徽大学农学院教授的郑体华等老校友。为祝贺母校诞辰，午膳在江心屿吃面，还是嵘老自己掏腰包请的客。嵘老两袖清风，身无长物，还嘱托洪震寰和胡福畴帮他检理仅有的一些藏书，卖给古旧书店，换得一二百元，献给母校，充作校庆活动经费。

嵘老临终前写下遗嘱，仍念念不忘祖国，绝无只字及私。金志纯医师说这一张遗嘱是他父亲留给大家唯一的遗产。我认为这也是作为副市长的嵘老留给温州市人民的一份宝贵的精神遗产。如果全市的干部、群众和广大教工同志，都像嵘老那样效忠祖国、忠诚教育事业，那祖国的四化事业，何患无完全实现之日，人民的教育事业，何患无全面振兴之时。

本文选自《瓣香集》，温州市金嵘轩先生诞辰百周年纪念筹备委员会一九八七年编印。

忆嵘轩先生二三事

王思本

嵘轩先生是我生平最尊敬的一位长者。我与嵘老是忘年之交，也可称为君子之交。一句话概括：交“浅”而谊深。解放后因工作关系来往较多，加深了了解。回忆起来，往事如烟，这里略记几件事：

一九四七年，我受任国民党玉环县长，赴任前特地去请教嵘老。嵘老说：“你在这个时候出任玉环县长，一非其时，二非其地。”我问这是什么意思，他说：“老蒋不顾人民休养生息，发动内战，大失民心。燕雀戏堂，不知大厦之将倾。玉环为窘山恶水之地，有才难展。”最后他说：“县长是父母官，县长好当，父母难做，哪个父母不疼爱子女，局势如此，还希好自为之。”言简意赅，语重心长，至今还值得深思。

一九四九年二月间，国民党温州行政督察专员叶芳接事之初，有志革新，提出政治三大主张、十大口号为施政纲领，如“澄清吏治，打倒贪官污吏”，以争取民心，社会反应强烈，怀疑叶芳通共产党。地方国民党头子与顽固分子策划“倒叶”运动，并欲煽动中学生上街游行。当时嵘老任省立温州中学校长，在教育界德高望重。我即去找嵘老，请他劝谕学生勿受利用。嵘老当即赞同，并说：“叶芳十大口号也得人心，不过不易做到。”又说：“叶芳能识时势，思想转变很快，但锋芒太露，恐树敌过多，招架不易。”他答应我说：“学生之事，温中由我负责，瓯海中学你去同寅侯一谈。我们两所学校不出去，永嘉中学即不会被煽动。”结果学生没有行动，由此可见嵘老影响很大。

大概是一九四九年五月七日，温州解放前夕，叶芳已改任国民党二〇〇师师长，他决定率部起义，配合人民解放军浙南游击纵队和平解放温州。为此，他特地同我去拜访嵘老，互通声气。嵘老已上床就寝，披衣开门接客。叶说明来意与情势后，嵘老激动地说：“我原来也已料想到，你们所举大事，正合人民的期望，实在是地方之福。我老了，无能为力。情势紧急复杂，还要特别慎重。”我们因事忙，不能长谈，匆匆告辞。临别时，嵘老紧握我俩的手说：“专候捷报。”

解放后，本市人民政治协商会议成立，我一直在政协工作，嵘老开始担任政协常务委员、副主席，后来又被选为本市副市长。我与嵘老一同从事统战工作，交往频繁。嵘老出任副市长时同我说：“我主持温中尚且勉强，当市长是搞政治，我实在不懂。”后来我将嵘老的话同市长曾绍文谈起，曾说：“嵘老工作不是做得蛮好吗?他是温州文教界的老前辈，众望所归，谁能抵得上他?你叫他大胆干，我尽力支持他，谁敢不听他的指挥，就批评谁。有困难只管同我说。”我将曾绍文的话转告嵘老。他说:“做官，我总是不习惯。”嵘老虽是这样说，但对这职务却非常认真负责，每日上班勤勤恳恳。后来温州市文化教育规模就是他那时奠定下来的。嵘老的业绩永远留在温州。

一九五八年后，我在政治上走上坎坷的道路，好几年不敢去看嵘老。我想，嵘老一生谨慎，我去恐怕会引起他政治上无谓的烦恼，我这苦衷他一定也会谅解的。但我对他的一切情况总是非常关心。直到“十年内乱”开始，嵘老病危时，风向极恶劣，我不顾政治包袱和禁忌，先后去看他两次。他都挂着氧气筒，精力极惫，欲语无声，我又不便多谈，我们两人只凭四目传情。这时嵘老已经老泪盈眶，我自不禁泪下，便忍悲辞去，不料就此竟成永诀。

后来全市各界人民隆重举行嵘老悼念会,我送了一副挽联:“共统共战，昔举义旗承赞助；亦师亦友，追思道范永难忘。”对嵘老，我说不尽的崇敬与悼念。

一九八七年八月十日

本文选自王小同主编《百岁人生》，团结出版社二〇一〇年一月第一版。

金嵘轩先生与体育

叶　琛

金嵘轩先生是一位德高望重，将毕生精力献给人民教育事业的教育家。晚年担任温州市副市长期间，还兼任市体育运动委员会主任、市青少年业余体育学校校长，为我市体育事业做出了贡献。

先生幼时，父母过于溺爱，整日将他关在室内抚养。因而体质虚弱，经常生病。东渡日本求学之后，受日本军国民教育的影响，积极投入身体锻炼，学会了冈田静坐法，坚持洗冷水浴，积极参加学校各种体育活动，身体日益强壮。回国工作后数十年间，始终讲究养生之道。每天坚持冷水浴（七十岁后改为冷水擦身），做气功，与学生同做早操，经常练太极拳，做八段锦、易筋经。生活重规律，饮食尚清淡。胸怀旷达，不计私利，以培育英才为最大乐事。又练就一手好字，用以调剂生活，陶冶性灵。因而年逾古稀，仍然精力充沛，身负重任，做出成绩。

先生还是一位造诣很深的教育理论家。早在一九二七年到一九三二年间，曾在商务《教育杂志》《中华教育界》等国内著名期刊上发表过多篇高水平的教育论文。其中对于健康教育方面，篇幅更多，尤具卓见。

日本自一八八六年起，在普通中学增加兵式体操科，正式开始军国民主义教育，对小学生也进行“国民的武勇思想教育”，其目的是“锻炼学生的身心，涵养团体观念，加强国民的资质，且可增进国防能力”（实际上是要培育侵略力量）。先生在日本长期求学期间，耳濡目染，加上自身的亲身实践，深深认识到体育对个人健康、国家兴盛的重大作用，因而决心把日本体育引入中国。一九三二年在《中华教育界》发表的《日本健康教育之设施》一文最后一段他指出：“日本这一次的压迫中国，而敢肆无顾忌地行所欲行，究竟有何所恃呢?此无他，不过恃其国家的实力。要知国家的实力，存于国民身上，养成国民的实力，其基础即在于要使国民健康。讲究健康教育，能不脱离生活上的关系，求其普遍，求其彻底，这至少也是救中国目前重大问题之一。”先生所介绍和提倡的“健康教育”，就是体育与卫生的有机结合，其目的是提高国民的身心素质，增强国家实力，抵抗外国侵略。

抗战时期，先生担任永嘉济时中学校长多年。在他主持下编制的《济中一览》里，把体育与卫生列入学校规章制度和议事日程中去，占有重要的位置。解放以后，先生首先在温州中学建立了“保健委员会”，亲任委员会主席，加强对体育和卫生的统一领导。

先生关心教师的健康。邀请我市杨式太极拳名家范亚夫先生为温中教工授艺。教工患病，总是在百忙中抽身探视慰问，备极关怀。一九五六年暑假，在他的热情支持下，在江心屿举办了教师休养所，接收了三批共一百多人来江心休养，取得显著效果，平均每人增加体重四斤。

先生是一位爱国民主人士，对一切爱国义举，备极赞扬。我市著名气功师兼武术家蒋幼山先生，在日寇占领温州期间，曾以精湛武功勇挫敌兵，大长了中华民族的志气，乡里传为美谈。先生亲自书赠一副对联：“内功养气节；赤手辟敌兵。”并加说明，以示颂扬。

先生一贯重视全面发展的教育方针，把学业、操行、体育（包括卫生）三者密切结合起来，并落实到具体工作中去。由于历史上的原因，体育在学校中往往受到轻视。针对这种情况，先生在办学过程中总是扎扎实实，锲而不舍地狠抓体育，把它作为学生升级、减免学费和评选优秀班、优秀生的主要条件。拟订具体要求和办法，严格执行，并把体育作为考核班主任工作的一个重要方面。

为了贯彻全面发展的教育方针，先生一贯重视虚弱学生的保健工作。在《日本健康教育之设施》一文中，全文翻译了昭和二年四月第六次日本全国联合学校卫生会对学校虚弱儿童的医学监督全文。并在商务《教育杂志》上发表了《学校虚弱儿童之保护设施》和《学校儿童给食运动之现状及其趋势》等文章。改善虚弱儿童的营养;在体育运动的实施上特别加以注意,视疾病状况,课以“矫正的体操”或“医疗的体操”;常使接触新鲜空气,并励行日光浴;制成健康卡片随时分别记录以及与家庭密切联络等问题,做了详细的介绍。在他历任校长期间,非常强调学生的体格检查和伙食营养,对虚弱学生,总是千方百计地设法使之恢复健康。济时中学一九四四年度教导计划规定:体格检查开学后三周内一次,学期结束前三周一次;根据学生营养督促表,督促学生食用指定食品等。在温州中学开设保健班,对虚弱学生施以医疗体育。并采取给贫困虚弱学生营养补贴,与家属密切联系等有效措施,收到预期效果。如一九五五年度第二学期,参加保健班的七十六人中,有二十五人恢复健康,转入普通体育课,进行劳卫制锻炼和测验。其他虚弱学生,健康均有明显好转。

先生高度重视体育教师的选聘和培养,认为这是搞好学校体育的关键所在。除专业水平外,特别重视品德表现。一有中意,必千方百计地设法聘请。因而在他担任校长的学校,体育教师阵容都比较整齐。先生还重视体育教师业务和政治水平的提高,除组织经常性的学习和教研活动外,还保送他们参加省干部训练班、省假期体育教师业务学习等。

在做好师生政治思想工作的同时,先生主张“以法治校”“以法治体育”，并重视计划与总结。这一精神，充分体现在《济中一览》这本小册子中。这里收入了学校的各种规章制度，工作计划与总结，其中许多是关于体育方面的。在温中，订有体育正课、课外运动、运动安全措施、运动器具管理等规章制度，要求体育教研组和卫生室每学期都要订好工作计划，做好工作总结，送他审阅。

保证学生体育锻炼的时间，是搞好学校体育的主要环节。济时中学规定：住宿学生每天清晨举行早操二十分钟，全体学生于每日下午四时起强迫运动四十分钟。温州中学学生每周规定三次课外运动，运动队每周训练二次，每次二节课，都排在学校作息时间表内。学校硬性规定，在这个时期内，任何人不得抽调学生从事其他活动，如个别谈话、排练文艺节目等。在考试，特别是学期考试期间，很多学生把自己的全部精力放在复习迎考上，忽视了身体健康及其他方面。针对这种情况，先生在济时中学推行了“学期结束周学生精神比赛纲要”，其中有一条是“升降旗典礼及早晚操，无一人无故躲避”。在温中，学生的早操和课外运动，考试期间均照常进行。先生一贯主张，学生的学习任务越重，越是要注意他们的健康，体育锻炼决不能放松。

在开展体育活动中，经费是一个重要的因素。在先生担任温中校长期间，除学校拨出专款为体育经费外，还规定每一学生每学期收体育费一元。这就增加了一千多元收入，可有很多事情好办。因而学校的操场平整，体育设备齐全，质量好，数量充足，对增加运动密度，满足学生多方面运动兴趣，起显著的作用。先生还非常重视提高运动场地和设备的使用率，指示教导处让体育教研组先排好体育课再安排其他课程。为了给社会青年和机关干部参加体育活动创造必要的条件，规定每天早晨操场对外开放，深得社会好评。先生还为体育教研组专门配备了职员、工友各一人，使体育教师摆脱一般事务工作，专心搞好体育工作。先生还特别重视女生体育，主张男女分班上课，指示体育教研组划出球场，专供女生课外活动之用，以免为男生所独占。

金嵘轩老先生离开我们已经二十年了，但他的音容笑貌，他的高尚品德，他的办学精神，仍深深地印在我的心中，作为学习的榜样。

一九八七年七月

本文选自《瓣香集》，温州市金嵘轩先生诞辰百周年纪念筹备委员会一九八七年编印。

怀念温州师范专科学校首任校长金嵘轩先生

朱　鹏

今年十一月二十一日是已故教育家、原温州师范专科学校首任校长（兼）金嵘轩先生百岁诞辰，市政协及各界人士将隆重举行纪念会和各种纪念活动，以表彰这位德高望重、毕生为家乡教育事业作出光辉业绩的教育家。

金嵘轩先生乃瑞安林垟人，早岁为了寻求救国济世的真理，在一九〇八年十一月东渡日本求学。当时，中原动荡，许多革命志士流亡日本进行革命宣传，先生深受革命党人章太炎、陶成章的影响，对民族民主革命有了初步认识，二十岁时便剪了自己的辫子以示对清廷的反抗；后来当国内五四运动爆发，他参与留日学生捣毁中国驻日公使馆的革命活动。这时，先生抱着“教育救国”的宏愿进入东京高等师范学校人文科教育经济系学习，至一九二一年毕业。

一九二一年四月先生学成归国，在浙江省立第十中学（现温州中学）任教，兼任省立第十师范教席。两年后，十师并入十中，先生担任十中师范部主任，翌年升任校长，一九二七年五月离开十中，就任浙江省教育厅督学、社教科长。当时省立中学经费拮据，负债累累，先生建议以公债代偿学校债务，后省府只发半数。先生卖家田二百亩计八千银元，另外以高利借来二千银元，共一万银元为十中偿还债务，补发十中教职员欠薪，为家乡教育渡过了难关。这种以私济公、毁家资学的义举，深为当时及后世所推崇，传为美谈。一九三八年八月先生回乡在平阳郑楼温州师范学校任社会教育处主任。

抗战胜利后，全国学生运动轰轰烈烈，温州中学校长朱一青无法维持局面，只得辞职，校长一职虚悬较久，经温州各界人士的推荐及温州中学学生的强烈要求，这位年已六旬的教育家在一九四六年八月第二次出任温州中学校长，解放后继续留任达十七年之久。

先生始终热爱真理，坚持进步，在一九二四年秋，不计个人得失安危，毅然邀请刚从苏联回国、受党中央指派来温发展组织的谢文锦同志来温州中学对师生举行讲座，宣传马列主义。在国民党统治时期，先生曾拒不执行国民党政府要学校协助镇压学生运动的密令，多方设法营救和保护进步学生，如蔡雄、陈时敏、安邦、吴崇源等同学都受过他的保护。在先生的追悼会上，陈时敏送来挽联："虎口得余生，长念恩师功德；凤山成初犊，难忘儒雅音容。"这些事实充分表明了先生对革命学生的爱护与支持。

一九五六年金嵘轩先生根据形势需要，倡议在温州创办一所高师，同年六月先生参加省人民代表大会时，联合在杭温籍知名人士王国松、沈炼之、夏承焘等教授向省人大提出创办温州师范专科学校的提案，得到省府的重视。回温以后，先生以副市长的身份努力奔波，积极筹划，亲自兼任温州师专筹备委员会主任。在党政的领导下，经过各方面的努力，这年秋天，温州市第一所高等学校——温州师专就招收了第一批新生（二百二十四名），十月四日正式开学上课，先生兼任温州师专首任校长。在短短的三个月内，白手起家，迅速上马，创办一所大学，这在办学史上也是一个奇迹。抚今追昔，我校有今日之规模与先生的努力是分不开的，我们应该饮水思源，永远不能忘怀金嵘轩先生的功绩。

先生除从事教育实践外，还深入研究教育理论，早年两次到日本，一次是入学深造，学习西方的教育理论，另一次（一九二七年）以一年半的时间在日本“了解日本教育现状并求自己的进修”。回国后，先生在《教育杂志》《中华教育界》《世界杂志》等全国性的期刊上发表了关于社会教育、劳动教育、特殊教育、健康教育、乡村教育及青年修养等方面的论著数十万言。在南京正中书局任编辑时，先生还编写过《乡村教育》课本（一九三六年出版）。一九四六年先生发起成立温州区中等学校教育研究会，并被推为主席，从事教育理论的研究。

解放后，年逾古稀的金嵘轩先生老当益壮，精神更加振奋，除担任温中校长外，还担负了繁重的校外政治工作，被选为市人大代表，温州市副市长；曾任省人大代表，省政协常委，市政协副主席，中国民主同盟浙江省副主任、民盟市委主任委员。解放后，我在温州中学和先生共事十年，他给我留下了深刻的印象：仁厚淳朴，平易近人，对学生循循善诱，从无厉色疾言。担任副市长后，从不摆官架子，不搞特殊化，廉洁奉公，生活俭朴，作风踏实，深为群众所尊重。

这样一位毕生致力于教育事业，成绩卓著的教育家，在“文革”初期就遭到无端的诽谤和迫害，一九六七年十月含恨而逝，享年八十。粉碎“四人帮”后，温州市人民政府为先生举行追悼大会，表达了党、政府和人民对这位浙南著名教育家的哀思。

本文原载一九八七年十月二十五日《温州师院》第六十六期。

忆金校长

叶　文

一九五七年当先生任温州市副市长期间，恰我潦倒温州，生活艰难，只得一边读书一边到双屿山搞基建，担黄泥造公路。那时，我就写信向金先生求救。接信后，先生复信说："叶文学棣：来信已悉，我深表同情，我已与松台街道办事处联系解决。"经派人到我原籍调查后，由于种种原因没有安排。我又把没有安排之事写信向金先生汇报，先生复信云："叶文学棣：信悉，感慨系之。你是学生，是无辜的，出身是难以选择的，但前途是可以选择的，这次不能如愿以偿，使我悻然！望你振作精神，往前看，新中国是不会抛弃像你这样的人的。"

本文原载《温州教育》一九九八年增刊。

忆金嵘轩先生轶事两则

胡培利

金嵘轩先生一九四五年秋任瑞中校长，他终生热心教育，过去盛传他为办学变卖家产。他在浙江教育界颇具影响，有口皆碑。现记忆往事，举其两事以思其为人品德之一斑。

一、瑞中校友金振洲现是云南大学生物系名教授、系主任、省政协委员，他起先考取温中，只因他请事假超期，受慈母所牵，迟了返校，即被开除出温中，后读浙南中学，再考入瑞高。当年温中校长就是他故乡林垟长辈金嵘轩先生。以一般来讲，请事假超期，此仅小事，只要功课能跟得上就好了，不必用“牛刀杀鸡”。按社会关系，其父金秉久先生与嵘轩先生一贯交情深厚，是位性格温和的学者，又是位德高望重的医师。本来其子可以免受开除的。论两家交情之深，稍举一例可说明之。一九六三年正月嵘轩先生那时任温州副市长，论辈分比秉久先生高三代，论年龄又高他，而那年嵘轩先生回故里，特地率子金志纯去探望金秉久先生（那次我恰在场）。这件轶事说明族曾孙被开除出校门是金校长不因亲而伤校规。其正气堪为人师。

二、据西安民主人士胡权先生函提及：他早年就读于温州模范小学时，和嵘轩先生的次子金志庄同班。五年级时胡权就跳级考温中了，也征求过金志庄去同考。但他不参加，原因是假使考取了，别人议论起来，只当是他的父亲当校长开后门进去的。那次胡权考取了，他认为按金志庄的聪明和才学，也完全可以提前考取的。为释嫌，他再等了一年。

以上两则轶事说明金嵘轩先生以身作则，对自己人要求则更严。

本文原载《上海瑞中校友通讯》一九九六年第二期（总三十八期）。

金校长出席周总理招待会

胡培利

记得一九六三年正月金嵘轩先生任温州副市长时返故里，住在金秉久老先生家里。我恰到林垟探亲，见老校长神采奕奕，面带祥和之气，言辞缓慢简练。知道我来自上海，他提到去年在上海大厦出席周总理招待七十岁以上老人时说起“上次六十岁老人不少，而这次七十岁老人也不少”，此事不难令人想起金先生一定是以老教育家、浙江省知名民主人士的身份而被邀请的。

本文原载《温州教育》一九九八年增刊。

先父金嵘轩二三事

金志纯

先父金嵘轩一八八七年十一月生于瑞安林垟乡。“文革”初期，因身心遭受摧残，积忧成疾，于一九六七年十月辞世，享年八十岁。先父离开我们虽已二十年，但他的音容笑貌，始终铭刻在我们后人的心间；他为教育事业献身的精神，永远成为激励我们前进的力量。先父生前的事迹，已有另文详加介绍，这里，我仅记下我所知道的二三事。

先父少年时期体弱多病，十八岁那年偕几位同乡赴日本留学，十九岁考入东京高等师范学校。他在日本读书时，积极锻炼身体，不仅打太极拳、练八段锦和气功，还坚持洗冷水浴，数十年如一日，直至古稀之年，仍每晚以冷水擦身。他任省立第十中学（温中前身）、济时中学校长时，每天鸡鸣即起，带领学生早操，炎夏严冬，从未间断。他认为要洗雪“东亚病夫”的耻辱，国人就应加强锻炼，有了强壮的体魄，才能建设强盛的国家，才能不受列强欺凌。

先父在日本留学时，因清廷的腐败无能，心里充满愤懑之情。学成归国后，他立志教育事业，把全部精力扑在办学上。他任省立第十中学校长时，正值军阀混战，一九二六年军阀周荫人部败退温州，学校被占为临时兵营，师生皆逃避乡间，先父为了家人的安全，嘱先母携带我们兄妹五人避难玉环，那时我只十岁，小妹也仅一岁多。先父将我们安置停妥后，就独自带一名工友去守护学校，并千方百计把部分贵重仪器和图书转移到他处，以免遭到破坏。

军阀周荫人部离校时，校内课桌以及部分教学用具均被捣毁，来不及转移的仪器、图书也被付之一炬。校内遍地大小便，连饭锅也不能免。在旧中国，由于军阀混战不息，学校屡遭洗劫，再加上教育经费无着，教职员工生活极度困难，学校濒临解散。在这万分危急时刻，先父毅然毁家办学，他卖掉了祖上遗下的两百亩良田，合计得款八千余枚银元。他把这笔钱用于修葺校舍、置办设备、发放教职员工薪俸，还远远不足，于是又向殷商富户借高利贷贰千余枚银元。至此，困难才勉强克服，学校才得以复课。

先父对办校是如此慷慨解囊，而自己的生活却是十分俭朴。一只从日本买来的挂表，一直用了四十余年，到了实在无法使用时，才花三十元买了一只极普通的怀表。他平日衣着朴素，一套在日本读书时做的哔叽学生装，穿了十多年。平时只穿一件深蓝色长袍，着一双布鞋。有一双皮鞋，穿破了还舍不得丢。

一只破公文包，用了几十年也不换新。解放前，他在温中任校长时，每餐仅一菜一汤，艰苦朴素，怡然自得。他不嗜烟酒，大部分工资除维持家庭生活外，还资助家境清贫、无力上学的学生，如吴善珏、黄金艮、张 ×× 等都是在他的解囊相助下完成了学业。先父的一生始终是这样严于律己，宽于待人。他对子女的教育，一向是谆谆善诱，身教重于言教，使我们懂得了为人之道。先父那和蔼、诚恳、正直、谦虚的高尚品德，深深地刻印在我们兄妹的脑海里。

解放前，先父住在故乡时间不多，但为故乡父老却做了不少好事，深受故乡人民的爱戴。每遇天灾，粮价暴涨，劳苦大众无法生活，先父总是动员殷商富户开仓低价济贫。他自己率先将家中贮食之粮，低价出售，有时甚至分文不收。一九四六年，我家东首厢房突然起火，乡人群起抢救，因无救火机致使火势蔓延，烧毁厢房三间。事后先父带头出钱并发动殷商富户购置救火机一部、铜水枪十支，作为乡里防火之用。解放后仍由乡人民政府保管。同年林垟乡与邻近的阁巷乡因划龙舟事发生纠纷，双方连夜加工刀枪、聘请拳师、备好护身等物准备械斗。双方各出动了数百人，一场流血惨案眼看即将发生。先父闻讯，急忙赶回家乡，邀请双方士绅商议。先父一再申明大义，晓以后果，使双方士绅深受感动。他们答应回去说服闹事者，终于化干戈为玉帛，两乡群众莫不衷心感激。今年，故乡群众为了缅怀先父一片爱乡之心，特捐资兴建“嵘轩亭”，占地两百平方米，设计新颖，四周绿化，家乡父老亦可在此休息娱乐。

一九四六年先父第三次任温中校长时，正值解放战争时期，他对校内地下党员及进步学生的活动，是热情支持、多方保护的。据我所知，经他保释被捕的进步学生就有数十名之多。有一次，国民党当局下令逮捕几名进步学生，他得知后，暗中示意这些学生暂避，终于免遭毒手。有位名叫李乃伦的学生，系进步学生，先父得知他将遭到迫害，就暗中嘱咐王湘衡医师开具患病证明，让李乃伦休学，使他安然地逃离虎口。地下党员陈时敏同志当年被捕时，先父不顾个人安危，千方百计设法保释。三十年后，他在先父追悼会上敬献挽联，联云："虎口得余生，长念恩师功德；凤山成初犊，难忘儒雅音容。"表达了当年进步学生对先父的感激和思念之情。

一九四九年温州解放前夕，先父为了防止国民党军警对学校的破坏，曾先后数次召集教职员工和学生代表开会，商讨护校措施，以保护贵重仪器和图书。他号召全校师生不要离校，要求大家密切监视反动分子的破坏活动。他还积极鼓励进步学生书写有关迎接解放的标语，一夜之间，写出了数百张，贴遍温州城的大街小巷。温州解放那天清晨，他率领全校师生在校门口欢迎解放军，学校继续上课，校舍、仪器、图书以及其他用具完好无损。之后，国民党飞机数次轰炸温州，部分师生暂避市郊，而先父仍留校守护，以防坏人的捣乱和破坏。

温州解放后，共产党和人民政府仍委先父继任温一中校长。

这时，他虽已年逾花甲，仍精神抖擞，在党的领导下，努力学习马列主义理论，自觉进行思想改造，决心把学校办得更好。一九五五年他被选为温州市副市长以后，分工负责文教卫生系统的领导工作，他身兼数职，任务繁重，直到他年逾古稀，仍兢兢业业为党工作，受到人们的高度称赞和敬仰。

半个多世纪以来，先父精诚办学，不计待遇，且常解囊助人，直至解放后，仍两袖清风，毫无积蓄。他给我们子女留下的唯一遗产，是他弥留人世时写下的一纸遗书。遗书上嘱咐我们：一、公私物件要分明；二、正派家风要树立；三、国家财富要重视；四、家庭教育要严格；五、终身为祖国服务。先父的遗言永远铭刻在我们子女的心间，廿年来，我们兄妹在各个不同岗位上，始终遵循先父的教导，诚诚恳恳为祖国的四化大业贡献自己的力量。

一九八六年十二月六日

本文选自《温州文史资料》第三辑，浙江人民出版社一九八七年十月第一版。

忆祖父金嵘轩先生的几件事

金恒昀

敬爱的祖父金嵘轩先生离开我们已经四十年了，作为他老人家的孙子和学生，祖父高尚的人品和慈祥和蔼的音容并没有随着时光的流逝而淡薄。

不少温州人熟悉在教育战线上呕心沥血、无私奉献的祖父，但是，只有少数人才知道他老人家献身教育事业时家庭负担何等沉重。

早在三十年代我出生前，祖母就得了严重的精神病。听说是因思念被台风刮倒的门板砸伤而不治的小叔所致。一九五三年我离开温州前，祖母一直住在林垟老家，终日在家“点鬼”，也不许我们接近；祖父则总是只身在外工作，只在过年时才回林垟小住。祖母的重病和长期两地生活丝毫没有影响祖父对祖母的关心和爱护，他老人家经常给祖母写信，经常嘱咐在林垟的家父照顾好祖母，回家时更是对祖母关怀备至，给我留下了极深的印象。邻里们莫不交口赞叹祖母好福气。

温州解放后，大姑母志晨、大姑父潘家凡连同在台大学习的二姑母志昭均被困在台湾，在温州留下不足周岁的表弟潘子渊，伯父志超（溟若）全家也流落境外。直至祖父辞世，他们一直未曾与他老人家谋面。特别是家父志庄在土改时被错划为地主，反右时又因要求甄别成份被打成右派，开除公职，遣送回林垟老家劳动教养。全家九口人收入由一百二十元骤降至十八元，生活陷于绝境，更加重了他老人家的负担。敬爱的祖父就是在如此沉重的精神、经济压力下全心全意献身教育事业的。

祖父生前对我们的要求是十分严格的。一九四七年我考入温中后，在校六年都是祖父任校长，除了一个学期在祖父处就餐外，他老人家不允许我有任何的特殊。解放前夕，我也拿过童子军棍参加护校。记得解放前后一段时间，我很散漫，常闹恶作剧，还在课桌上刻字，用椅子面板做木屐。祖父知道后，把我叫到办公室，很生气地狠狠批评了一番，他老人家用严肃的神情和说我“你太不像话了”，至今记忆犹新。

一九五〇年参军、参干运动中，我事先未与祖父和家人商量就报了名，随即五马街上的广播站就广播:“金校长鼓励孙子参军参干。”祖父知道后，便加以更正:“是恒昀自己报的名，跟我没有关系。”

思想改造运动中，祖父在全校大会上总结他老人家在运动中的收获。在检查错误思想的根源时，未谈及主观因素，致使校内颇有微词，我也对此感到迷惑。当时我在祖父处用餐，偶然发现他办公桌上的发言稿正翻到检查主观原因这一页，上边有“这点似未提及”几个大字。这时，我的疑虑打消了；祖父确实已认真检查了主观原因，可能在翻页时遗漏了。尔后，他老人家也未对因疏忽造成的失误作任何解析。祖父的实事求是、宽容大度的作风，更令我肃然起敬。

一九五六年二月，我在清华大学学习时，突然接到祖父从北京发来的明信片，说他来京开会。我急忙赶到他老人家下榻的和平宾馆。见面时，他老人家十分高兴。问了我和温中校友的情况。他还给了我四十元生活费，特别嘱咐我要配一副眼镜，要注意保护视力，锻炼身体，还说他仍坚持每天打太极拳，洗冷水浴。会议期间，祖父还特地来到清华，与在京没有回家过寒假的十多位温中校友见面。向大家介绍温中近况，鼓励我们好好学习，注意锻炼身体，将来更好地为祖国服务，大家还在清华园前合影留念。可惜那张照片对焦不好，人物模糊，似乎是翌年祖父被诬为参加“反党黑会”的一个不祥的预兆。

整风期间，清华园内热闹非凡，大字报铺天盖地，各种意见都出了洞。此时，我的头脑也有点发昏，我把这些情况写信告诉了祖父，料想不到接到祖父的来信竟如此严肃，对我信中提到的事逐一加以“责问”，使从我昏迷中惊醒过来。可惜这封信再也找不到了。

一九六七年八月，我从沈阳回家探亲，时值温州武斗，未能上岸，只得径从海路回到林垟。回家不久，得悉祖父病危，遂即与父、母和五弟恒郁一起由鳌江搭船赶到温州。此时，面前的祖父已是神志昏迷，连亲属都不能分辨，神情极为痛苦。见到被“文革”摧残至此的祖父，不禁潸然泪下！这是我见到祖父的最后一面。回沈不久，就得到祖父病故的噩耗，特别是得知祖父安葬时仅有少数在温的亲友参加，悲愤难言！因此，一九七九年温州市为祖父补办追悼会时，我们全家敬献了一副挽联：

呕心沥血，化雨春风，桃李芬芳满天下；

一生清白，十年沉冤，山河壮丽慰英灵。

历史是无私的。沉冤十二载后，祖父的功过终于得到了公正的评说。一九七九年，温州市为祖父举行了隆重的追悼会；一九八六年，家乡林垟的父老为祖父建立了纪念亭；今年又在多处隆重纪念祖父逝世三十周年和百十诞辰，并在林垟建立纪念公园、纪念馆和塑造铜像。敬爱的祖父当可含笑九泉了。

本文原载《怀籀》第一期，温州中学校友会一九九七年十二月编印。

好公

金恒杰

“你好公是独子单传，小时候身体羸弱，旺出这样多人！你看看。”

记得小时候，母亲有一次指着一张全家福照片，啧啧地对我说。我那时虽也不算很小，对生命这个现象究竟还不懂得诘问，甚至不懂得惊讶。然而母亲声调中的赞叹，我却是明白的：祖父的生命和这生命的繁衍是他凭意志争取来的。

我的曾祖父本来一直没有子息，在乡里中颇受了某些同宗不少的气。不料晚年得子，生了我的祖父，因此，就特别宝贝。祖父到六七岁时，据说还是被人在手中抱来抱去的。在林垟老宅，大晴天过小小的天井，都要张伞呵护着。在这种过度保护下成长的祖父，身体免不了十分虚弱，似乎还得过结核病。后来他到日本求学，发愤锻炼身体。据母亲的叙述是这样的：祖父备有一个高腰木桶（想必是日式木浴桶吧），桶内注满冷水。不论冬夏，他每日清晨起床后，先裸身跳进木桶，让水淹过头顶。他用手捏着鼻子，心中默数到十，然后出桶，用干毛巾擦拭全身。

祖父这种日本武士道式晨浴的锻炼，不知道持续了多少年。总之，我是从来没有见到过。我见过的，是祖父清晨打太极拳的身姿。小时候，往往在冬日冷冽的早晨，我穿着棉衣和绒裤，立在家乡老宅中堂的一角，看祖父身着单薄的白衬衫和白色长衬裤打太极拳。长裤的裤脚在踝骨处用一条布带麻利地束起。在他矫健的举手投足之间，不时传来骨节噼啪之声，令我瞠目，恍惚间，竟把他看成“七侠五义”中走出来的人物了。

在他受迫害而精神失常的晚年，是不是还继续打他的太极拳呢?这个问题，我没有忍心问我的叔、婶和堂兄弟妹们。

在他的精神修炼上，我想他也必定以同样的意志来要求自己的吧。作为一个理想主义者，他把自己的一生和一切奉献给了教育。历史上多少人以理想主义者出发而走向杀人如麻的凶手!我的祖父却始终能做到“嘉善而矜不能”，做到“严以责己，宽以待人”。直到他被迫害，企图自杀而精神失常，据说他都未出怨愤之言，只是反复轻诵韩愈《自咏》中的两句诗:“云横秦岭家何在?雪拥蓝关马不前。”脚踏在自己所生、自己所长的土地上而追问“家何在”?固然也可以理解为一种惨绝的反讽。但反讽不符合我祖父一贯的个性。我确信，这只是一种彷徨和孤绝，到了极点时唯有诉之于诗。作为一个传统文化精致的产物，猛然落在原始丛林里森森的獠牙中间，我祖父有这样的反应，是可以理解的。

在这里，难以理解的，是他的生命的意义。

他曾以至高的虔诚来对待生命，以最大的努力争取肉体的健康和道德的高轩。这正是对生命大乐观者所乐意赞叹，所引以为证明生命的价值和意义的！然而，这一切努力，这全部的虔诚，却是以被迫害、自杀和精神失常者所付的牺牲代价里一个小小的数字：穿过千山万壑的奇流，只是为了干涸在沙漠里。这，却又为对生命大悲观者提供了不容置辩的佐证。

纪念死者，是为了生者。这是人人都知道的，今天纪念我的祖父，如能引起一些人对生命的意义作进一步的思考，就是一种收获了。

本文选自《昭和町六帖——金恒杰文集》，允晨文化实业股份有限公司二〇一七年十一月初版。

我的祖父金嵘轩先生

金恒景

我的祖父金嵘轩先生，生于一八八七年，卒于一九六七年，祖籍瑞安林垟。温州解放后，我们举家从瑞安林垟迁往温州，此后我与祖父一起生活了十余年，他行为的点点滴滴，虽然半个世纪过去了，至今仍铭刻在我的脑海里。纵观他的一生，无论从旧道德还是新思维来看，都属高尚之人，纯粹之人，有理想、有追求之人。历史和人民并没有忘记他，在姗姗来迟的追悼会上，前来悼念的人潮摩肩接踵。现在温州中学校园有他的塑像和纪念馆，二〇一一年，他被温州市委组织部、宣传部等单位评选为“十大感动温州人物”之一。

一九〇六年，年仅十九岁的金嵘轩留学日本，在日期间，他与许多流亡日本的革命志士过从甚密，这些革命志士忧国忧民、“天下兴亡，匹夫有责”的思想对他有着深刻影响，他参加了捣毁清政府驻日公使馆等革命活动，并选定走教育救国之路。回国后，他在瑞安与进步青年周予同、李笠、洪特民、陈逸人、林炜然、林镜平等一起创办了“知行社”，联络青年知识分子进行教育普及工作，先后任教于省十中（温州中学前身）、省十师。十师并入十中后，出任师范部主任，后任校长。一九二七年，任省教育厅督学。为实现自己教育救国的理想，金嵘轩再次来到日本，任留学生监督处学务科长，直接服务于中国留学生，广交青年朋友，希望他们归国后能肩负起强国救民的重任。抗日战争爆发前夕，金嵘轩归国，抗日战争期间任永嘉济时中学校长；抗日战争胜利后，受省教育厅加委，乡里学子、社会贤达、工商界人士推戴，出任省十中（温州中学前身）校长。中华人民共和国成立后留任温州中学校长，直至一九六七年去世。一九五五年至一九六七年兼任温州市副市长。

金嵘轩毕生热爱并从事教育事业。他教育学生遵纪守法，勉励他们刻苦学习，除经常深入课堂督促检查，提倡开展课外活动，重视体育、文艺活动外，还举办各种讲座。每逢温籍专家、学者校友返乡，便礼聘他们来做学术报告，还适时举办各科竞赛以扩大学生视野，活跃学习气氛，提倡优良学风。他以自己的道德风范和人格魅力吸引了许多大学名师、学者辞去大学的高薪教职来温中任教，如沈炼之、陈铎民等。他所聘教师，如国文老师朱自清、夏承焘、李孟楚、谢玉岑、伍叔傥、朱芳圃、管雄、吴天五、马骅等，英文老师马公愚、刘延陵等，数学老师陈叔平、苏步青、谷超豪、陈修仁等人中不少还是温中毕业的校友，他们都感念恩师的学识和德行，前往母校执教。

在他治校期间，温中可谓人才辈出，造就了众多在海内外享有盛誉的英才，文科有夏鼐、王季思、苏渊雷等，理工医方面有李锐夫、方德植、林松涛等，还有许多政商名流、外交家等，在此不一一列举。

为了践行教育救国思想，金嵘轩仗义疏财，舍己为人，为青年学生、劳苦大众奔走呼号。一九二四年八月，他不畏困难，出任十中校长。到职不久，由于当时军阀混战，致使教育经费无着落，便以个人名义向朋友、工商界人士、银行钱庄借贷，以助教职员工解枵腹之忧。因财务上只出不进，不久便积债万余元，无奈之下，他变卖祖产良田两百余亩还债。由于局势越来越坏，兵荒马乱，城内商铺关门，百姓外逃保命，十中师生也闻风惊散，他不顾个人安危，常常外出借钱给教职员工结清工资，发给路费，待员工遣散完毕，自己最后一个离校返乡。

二十世纪三四十年代，每当他发现十中新生不来报到，总要托人打听原因，找当地乡绅帮助劝说，不让未来的国家人才被埋没。林垟附近的学子如遇经济问题无法上学，他则去信劝其来校读书，费用由其个人资助。此举引发了家乡林垟的民众送子读小学的热潮，因只要考上温中，金先生定会全力帮助，无后顾之忧。一九四七年，当他得知家乡有些乡民无房可居，便将坐落于林中村金宅巷附近的十七间房屋无偿赠予他们，并将丧失重劳动能力的乡民安排到温中当工友，以解决他们的生计。

我的祖父常说，我们应视同人为手足，视学生如子女，他确实一直这么做。当时学生生病时一般由校医诊断开方，由学生自己到药店购买药品。对一些家庭贫困的学生，他会在处方背面签署“先给药，药费待 × 月 × 日到校总务处结算，在我工资内扣除”，结果每月到手的工资有时都不足以支付自己家的伙食费。一九五三年，温中职员金品三患肺结核病，临终时他去探望，望着金品三那张无助的脸，毅然告诉他不要顾虑太多，如有不测，我将每月资助你家十五元，直至你儿子成年，参加工作。

一九四七年春夏之交，林垟和阁巷乡民因划龙舟纠纷发生械斗。两地青壮年民众手持利器对峙于两地地界处，各不相让，无法调解。乡民只好派人去温州告诉了金嵘轩。我的祖父闻讯立即返乡，他让林垟民众先撤，自己乘一叶小舟孤身前往阁巷。当时林垟乡民无人敢当船夫，最后由邻县平阳船夫执桨前往。不出半日，阁巷方撤了乡民，调解圆满成功。

中华人民共和国成立前夕，林垟一带民众吸食鸦片成风，不少富户沦为赤贫，并引发偷、盗、抢等社会问题。祖父闻讯特地返乡开展禁毒、戒毒工作。他找到五名吸食者，说服他们戒毒，重新做人。祖父将他们集中在我父亲所开的万全医院楼上，药物、伙食费用全免。由于当时没有替代药物，只能用镇静剂平复毒瘾。结果不出半日跑了四人，只剩下一个叫金斌的。问他为何不跑，他说他们有钱还能买乌烟（鸦片），而他连饭都吃不上了，在这儿至少还能吃饱饭。最后他戒毒成功了。为解决他的生计问题，祖父带他去温中做工友。中华人民共和国成立后，他比一般村民过得更好，退休后还有不菲的退休金。

我祖父育有三子两女，我大伯金志超（溟若）为著名作家，台湾大学教授。我父亲金志庄是老二，初、高中和大学均在日本就读，高中毕业后便通晓日、英、俄、法、德、西和拉丁文等七国语言，他是日本东京帝大医学部优等生，在大学期间便享受特等奖学金，田中角荣是他的同学。但因被错划为右派，一九五八年开始至林垟监督劳动，后因医术高超才被吸纳至林垟医院工作。一九七六年，日本首相田中角荣访华时提出要见当时的学霸老同学，中央派人找时已去世月余。老三金志纯，著名外科医师，原温州医学院附一医外科主任。另外还有两女一直旅居海外。

中华人民共和国成立后，祖父担任了温州市人民政府副市长、温州中学校长、民盟温州市委主委，工作十分繁忙，但他仍然十分注重对儿孙的教育。平时他吃住在单位，逢周末才与家人团聚。他到家后第一件事是召集我们兄弟姐妹，先问各自学习情况，再谈古人风范、行事准则。他会信手拈来《论语》《大学》《中庸》《孟子》《名贤集》中的警句，或古诗词中的一段，先讲解，再让我们讨论。一九五九年，温中举办数学竞赛，我获得了第一名。我得意洋洋地手捧奖状到他办公室想显摆显摆，他看了我的奖状，沉思片刻，便在纸上写下“世事洞明皆学问；人情练达即文章”的对子递给我，问道：“你明白它的意思吗?”我点了点头。他说:“那就对了，在学校学的课本知识只是学问的一部分，还有一部分是课文中学不到的。认识、了解社会，通晓人情关系才是更大的学问。这副对子出自《红楼梦》，或许薛宝钗在诗词歌赋方面的学问不如林黛玉，但她洞明世事，练达人情，故能最后胜出。黛玉的失败看似由于体弱多病，实则是她不懂生存法则、人情世故……”听闻此言，我如同醍醐灌顶，从此真正明白了“学问”的含义。现在想想还真是受益匪浅。

本文选自《至美瑞安》，浙江人民出版社二〇一八年十月第一版。

《瓣香集》序

王季思

公元一九八七年十一月，当先师瑞安金嵘轩先生诞生一百周年、逝世二十周年之际，故乡耆旧人士、同门后学，景仰先德，既立碑于母校温中，以资纪念，复搜集先生遗稿与纪念诗文为《瓣香集》以垂久远，这是一件很有意义的事。作为先生的及门弟子，在获读这集子时，还仿佛看到先生的音容笑貌，想起先生为故乡教育事业呕心沥血的一生，不能不感慨系之。

综观先生一生品德，其见诸行事深入人心者，凡三大端：一是热爱家乡。但不是为了家乡山灵水秀，鱼米丰足，可以悠游岁月，坐享其成，而是志在从教育入手，改造家乡，直至启斯民之智域，挽祖国于危亡。一息尚存，此志不泯；二是大公无私。在北洋军阀统治时期，他为接济浙江省立第十中学（后改名温州中学）教职工的生活，变卖田产，补发工薪，是典型的事例。在我们同学中也一直流传着他不让儿子志庄与同班同学夏鼐一起跳级报考十中的事迹。这对新社会那些以权谋私的干部来说，也将是一服有效的净化剂；三是知行合一。先生早年创办“知行社”，以“知行务实图救国”。从日本留学回国后，就以他一生为祖国教育事业艰苦奋斗的实践，以及他在母校温中遗留下的良好学风，永远赢得后学的景仰。

“有德者必有言”，先生一生从事教育事业，为教书，为育人，不能不发为言论，篇章当不在少数。可是今天收集在《瓣香集》的论著，寥寥无几。这一方面由于先生的务实精神，不欲以空言自见；另一方面却不能不归因于在教育领域泛滥的过“左”思潮的破坏。然而嵘轩先生的零笺剩墨，后人都为之编辑出书，而“十年浩劫”时期在故乡教育领域铺天盖地的大字报，不早就烟消云散了吗?公道自在人心，历史会作结论，于此又得一例证。

我在浙江第十中学二年级时，先生刚从日本留学归来。当时中学课程有“修身”一门，教科书记得是中华书局编的。先生叫我们打开本子，照念教科书里“自天子至于庶人，一是皆以修身为本”的一段，我在私塾里早就念过《大学》，总以为是老生常谈。后来先生就修身是治国之本，强身是强国之本，引他在日本留学时看到的日本教育重视体育卫生的事例来说明，要我们强身强种，一洗“东亚病夫”之耻，给我很深印象，今天还能记得起来。

先生一生事迹，集中除已有苏渊雷教授的传赞和温中前校长黄来仪先生的生平简表加以论述外，还收入了不少同志写的回忆文章和纪念诗词，前者从各个侧面记述了先生的嘉言懿行，后者以崇敬的激情，歌颂了先生的高风亮节。我大学毕业后长年作客他乡，没有机会再向先生请益。现在展读斯编，总算是再受先生的一次教诲。同门后学于此应有同感。

本文选自《瓣香集》，温州市金嵘轩先生诞辰百周年纪念筹备委员会一九八七年编印。

《瓣香集》序

陈国钧

早在三年前，就有不少人提议在今年纪念金嵘轩先生的百岁诞辰。这个动议得到了社会上广泛而热烈的响应与支持。我作为金公二十世纪四十年代的学生与五十年代的下级，能为组织这次活动尽一点微薄的力量而感到高兴与荣幸。金公一生淡泊，两袖清风，也没有做出什么惊天动地的“大事业”。在逝世整整二十年之后，为什么还有那么多人在由衷地颂扬他，深切地怀念他?这本《瓣香集》的辑刊，为我们提供了生动的答案。

嵘师毕生尽瘁教育，视学校若性命，视学生如己子，和教工推诚相见，亲密无间，同为办好学校而艰苦奋斗，其“倾产兴学”的义举，久已传为美谈。作为教育家的嵘师，半个多世纪来，不仅是弦歌不辍，桃李芬芳，而且其办学实践具有自己的风范，也为我们留下了可资借鉴与研究的遗产。这些都是嵘师对祖国的贡献；凡是有贡献的人，理应受到社会的尊敬与纪念。更重要的是，嵘师具有热爱祖国的深切情怀，追求进步的坚毅精神，正直无私的清廉作风与温厚谦恭的朴实风度，这些品格构成了他特有的魅力。从金公在弥留之际写下的“遗嘱”更足见出他高尚的德行，他没有只言片语提及私家之事，而谆谆嘱咐家人终身为祖国服务。这篇“遗嘱”真是字字似珠玑瑰宝，句句掷地作金声！“遗嘱”虽只有寥寥几个字，可是就这么几个字，真像是一颗颗金子，活铸出一尊高大、闪光的塑像！今天，我们要振兴中华，实现四化，十分需要像金公那样尽瘁教育、效忠祖国的精神与行动。我们纪念金公，正体现了“敬老尊贤”“尊师重教”的精神；《瓣香集》的编印，也为我们提供一份学习金公的生动教材。

金公毕生办学，但他的影响决不限于教育界，也远远超出温州地区。“金嵘轩”三个字，随着他那万千弟子而播及世界各地，《瓣香集》就收有一些海外华章。遗憾的是，由于人为的障碍，处在海峡彼岸的嵘师的门生故旧与亲友，未能和我们共同纪念嵘师的百岁冥寿，共怀先师培育之恩，共叙当年同窗之情。不过，大家的心都是相通的，相信终有一日能白首欢聚，重温昔日“怀籀亭边勤讲诵，中山精舍坐春风”的情景，共同瞻仰今年建立的“金嵘轩先生纪念碑”与“纪念室”，共同向这位慈祥的长者奉献一瓣心香。嵘师有知，当含笑九泉！

本文选自《瓣香集》，温州市金嵘轩先生诞辰百周年纪念筹备委员会一九八七年编印。

《瓣香集》编后记

胡福畴

把这个为纪念金嵘轩先生诞辰一百周年暨逝世二十周年而编辑的集子取名为《瓣香集》，其意盖即向这位德高望重的杰出教育家奉献一瓣心香，以表我们的深切怀念和无限景仰之情。

我们在编辑过程中，搜集到了嵘老在三十年代前后所写的教育论著。过去大家多以为嵘老是个苦干实干的教育家，勤勤恳恳地从事教育实践的老园丁。实际上并不仅止于此，他在四十岁到五十岁的壮盛之年，为了探索振兴我国教育之路，曾潜心于教育理论的研究，写了一系列的教育论著，先后发表于当时在国内有影响的教育杂志如周予同先生主编、商务印书馆出版的《教育杂志》、中华书局出版的《中华教育界》和正中书局出版的《教与学》上，热心引进日本以至欧美各国先进的教育学说、教育经验和教育设施，对社会教育、劳动教育、职业教育、特殊教育、健康卫生教育和农村教育等各个方面都进行了论述。其涉及范围之广，阐述之详，征引之博，都足令人惊叹。

先生且曾把研究教育理论的心得具体运用到教育实践中去。因限于人力和时间,我们还只搜集到先生部分的教育论著(篇目见《附录》),而其总字数已不下卅万言。如能搜集齐全,那合起来就是先生在教育方面的一部皇皇巨著了。由于限于篇幅,在本集的《遗著选辑》里只选载两篇。我们希望以此为嚆矢,能引起从事教育理论研究的同志和机构如温州市教育学会、教育科学研究所等的重视,继起进一步搜集先生的教育佚著,并进行深入的探讨,庶有助于浙南教育的全面振兴。

著名考古学家夏鼐先生于一九八二年为庆祝母校温中建校八十周年写的《九山乡梦绕师门》一文,以优美的文笔,深挚的感情,集中地记述了嵘老的崇高情操,曾使人们受到极其深刻的教育。夏先生不仅在学术上的成就无比卓越,就是在为人方面也与嵘老一样极受人崇敬。惜不幸已成古人。因此其遗作虽曾在好些报刊上转载过,但大家仍认为有必要再在本集刊登,借以表明嵘老与夏先生的崇高情操和他们之间深厚的师生之谊,长留人间。

嵘老桃李满天下,今天海峡两岸以至旅居欧美各国的温籍知名人士中,有不少不是他的及门弟子,就是与他交情在师友之间的后辈。他们不远万里寄来的纪念诗文收在本集《海外华章》这一栏里。他们对故乡各界人士为隆重纪念嵘老诞辰百周年所举办的各项活动表现了极大的热忱和深切的情意。例如,美国东西学院院长南怀瑾先生先是撰寄经精工装裱的贺诗,继之又特地寄来其上题有“教泽流芳”四字的银盾一方。又如在嵘老第二次、第三次任校长期间，在温中担任过语文教师、现定居美国已卅余年的戴咏雪女士来信说：“以心香祷祝他在天之灵安宁快乐，身后哀荣，永垂不朽。”再如旅居美国俄亥俄州的郑楚材先生在发自故乡的通知辗转寄到他手的第二天，即写成充满深情的纪念文章于当日寄出。他在文中告诉了我们由于人为的障碍造成的一个早已成明日黄花的动人消息：海峡彼岸的嵘老的门生故旧在听到嵘老逝世噩耗的当年（即一九六七年）就冒险在台北市善导寺举行了追悼会。这些都充分说明海外和海峡彼岸的赤子对嵘老一片深情，满怀敬意。所惜者同样由于人为的障碍，在故乡今年隆重举行纪念嵘老的活动时，他们不能躬逢其盛，不能与我们聚首一堂，共怀师门立雪之恩，共叙当年在中山精舍与怀籀亭边联床同窗之谊。但这本《瓣香集》却让我们共同表达了向嵘老奉献一瓣心香的情意。我们更期望以此为媒介，使海峡两岸骨肉的心靠得更近，促使海峡两岸骨肉团圆之日快些到来。

承王超六、马骅、胡今虚、林文钧与郭绍震等诸先生热情协助征稿，浙江省图书馆、温州市档案馆、省博物馆张良权先生与温州市图书馆潘猛补君鼎力协助搜集有关资料，王敬身先生校阅部分诗稿，洪震寰君、黄来仪君时共商讨编辑中有关事宜，潘国存兄、黄琮兄在编辑工作方面亦多所匡助，在此一并谨致谢意。

编者无缘亲列门墙，却有幸自建国前夕来温中任教识荆开始直到嵘老逝世前一年，时得追随杖履，躬聆謦咳。如今怅触往事，倍念骥附中之情；裒辑斯编，犹余马策西州之恸。爰赋俚诗一首，敬题此集之后，借申无限追怀和敬仰之忱。诗曰：

化雨当年沾士林，枌榆最是沐恩深。
毁家曾解青衿厄，淑世长怀赤子心。
新辑编章歌盛德，旧栽桃李已成阴。
瓣香合向南丰拜，功并籀庼当铸金。

一九八七年岁次丁卯秋月后学胡福畴谨识

本文选自《瓣香集》，温州市金嵘轩先生诞辰百周年纪念筹备委员会一九八七年编印。

《守望家山——浙南教育家金嵘轩》序言

胡荣党

长篇纪实文学《守望家山——浙南教育家金嵘轩》全景式反映了先生的一生，精确真实又生动地彰显了这位教育家的光辉形象。金嵘轩（1887—1967），名闻浙南的教育界老前辈，中华人民共和国成立后，担任第一至五届温州市副市长，温州市政协第三届副主席，中国民主同盟温州市委员会主任委员，民盟浙江省副主任委员。

金嵘轩是瑞安林垟人，早年留学日本，毕业于东京高等师范学院。一九二四年，学成归国后担任浙江省立第十中学（即今温州中学）校长，后又应商务印书馆之邀任《教育杂志》编辑。在他任职省教育厅科长期间，因省立十中负债累累，毅然变卖家产良田二百余亩偿还校债。从浙江省教育厅离任后，他先后在江苏省立镇江中学、浙江温州师范学校、福建省立师范学校任职。抗日战争期间深入永嘉山区创办私立济时中学，以“培养人才，建设乡村”为宗旨，独任其难。一九四五年八月出任瑞安中学校长，除弊兴利，承先启后，为振兴瑞中作出了重大的贡献。翌年八月，年已花甲的金嵘轩第二次出任温州中学校长，新中国成立后继续留任，三掌温中先后达二十五年，是历时最久，建树最多，始终热爱真理、坚持进步的温中校长。一九五六年，温州市第一所高校创立，金嵘轩兼任温州师专首任校长。

金嵘轩毕生奉行“知行务实”，主张“名师兴学”“知行合一”，给温州乃至全国教育事业作出了巨大贡献。一九五一年八月，金嵘轩加入中国民主同盟，在其影响下，一大批学有专长的中上层知识分子也都纷纷加入民盟。一九五三年七月，民盟温州市分部第一次盟员大会召开，金嵘轩当选为民盟温州市分部第一届委员会主任委员，除了担任温中校长繁重任务外，还负责温州民盟的领导工作。一九五六年五月，民盟温州市分部委员会改称民盟温州市委员会，盟员发展到一百八十九人，一九五八年八月、一九六一年八月、一九六四年二月先后举行温州市第三、四、五次盟员大会，金嵘轩连任主任委员，直至逝世。

近年来，民盟温州市委会持续开展“追寻民盟先贤足迹”活动，立足于温籍民盟文化名人的珍贵史料，挖掘温州民盟文化资源，编印了《从腾蛟走出来的民盟先贤——苏步青先生纪念座谈会文集》《从南戏故里走出来的民盟先贤——王季思先生纪念文集》《从文成走出的民盟先贤——赵超构纪念文集》等三种系列丛书，成为引导广大盟员锤炼品性、提升素养的鲜活教材。去年以来，又聚焦温州本土知名度和美誉度甚高、影响力很大的近代浙南教育家金嵘轩，民盟市委会组织盟员并专门邀请作家加盟撰稿，通过查询资料、实地走访、听取介绍、采访家属等方式，对金嵘轩的生平资料进行深入挖掘，从而成就了《守望家山——浙南教育家金嵘轩》一书。书中的许多细节和故事精彩动人，有较多全新的材料面世，为读者奉献了一部史料性、文学性、社会性互相统一，激荡人心的优秀力作；同时也夯实了民盟的思想政治基础；另对推进文化强市建设、提升温州文化软实力亦不无裨益。

我相信，通过弘扬温籍先贤爱国爱乡精神，讲好民盟前辈故事，继承优良传统，必将教育广大盟员不忘合作初心，引导盟员凝聚合作共识，激励盟员继续携手前进，持续激扬新时代温州人精神，奋力续写好新时代温州创新史，争创社会主义现代化先行市。

二〇二〇年十二月

本文选自《守望家山——浙南教育家金嵘轩》，中国书籍出版社二〇二一年三月第一版。

《守望家山——浙南教育家金嵘轩》后记

夏海豹

窗外是如墨的夜色和扑簌的寒风，这几天气温骤降，南方阴冷办公室又没有取暖设备，夜深了，坐在电脑屏幕前对文稿作最后的修改、润色，感觉写作这行当真的是一件自讨苦吃的苦差事。全书写完了，后记，是可有可无的作品休止符。休而不止，是书中的话没有说完。

在大寒的煎熬中赶写作品，仿佛成了近年来写作的巧合抑或宿命。前年，应中国民族文化出版社总编辑刘树枫先生之约撰写长篇传记《致敬五星红旗·国旗设计者曾联松》，从签订出版合同到交出书稿，中间就包含了一个忙碌而寒冷的春节，终于赶在中华人民共和国成立七十周年前夕出书，并被中宣部列入国家重大出版选题，引起较大的反响。就是看到这本书之后，刚刚从瑞安市文联主席调任民盟温州市委会专职副主委的老同学王黎然，马上“逼”我再写一本金嵘轩传记。她干事利落，思路清晰，于是，我们便踏上了连续几个月的采访之路。

二〇一九年六月二十一日，我和胡晓霞随同王黎然率领的民盟温州市委会持续开展的“追寻民盟先贤足迹”活动小组，专程赴杭州探望金嵘轩的孙子金恒景老师。八十岁高龄的金老师身体健康、思维活跃，讲话的节奏还是与过去一样清晰明快，一九八二年我进入瑞安中学读高中时，教我们物理课的就是金恒景老师，他的女儿金筱艳则与我同班。金老师对创作金嵘轩的传记相当重视，当即提供了大量史料，甚至把自己写的秘不示人的《金家列传》也提供给我们，这本十几万字的家族史给这次写作带来了较大的参考作用。接着，通过王副主委亲力亲为多方联络，我们又马不停蹄地走访了温州大学、温州肯恩大学、温州中学、瑞安中学和瑞安市图书馆等单位与个人，通过查询资料、听取介绍、采访亲友等方式，追寻金嵘轩的生活工作足迹，挖掘有关珍贵史料。

金嵘轩已逝世五十多年，与他生前有过直接接触和联系的人，如今还健在的已经寥寥无几。除了曾经共同生活过十几年的孙子金恒景，我们还走访了与他共事过的老同事胡显钦和项瑞钊。九十七岁的胡显钦先生曾任温州市副市长、市人大常委会副主任，九十四岁的项瑞钊先生曾任温州中学副校长、温八中校长，两位老前辈精神矍铄，深情回忆浙南教育先驱金嵘轩往事，介绍了上世纪五六十年代共事的经历。胡显钦先生十分重视，亲笔赶写了一篇二千字的《回忆金嵘轩老同志》供我们参考，还让我们翻拍了解放初期的老照片。随着采访的深入，我们惊喜地发现了许多崭新的第一手材料，蓄积心中的创作冲动爆发了。

在写作过程中，瑞安市政协副主席、瑞安中学校长陈良明作为民盟温州市委会副主委，给予热忱的策划和指点，自始至终关注着我们的创作进展。上海复旦大学的李继朗老师十分热心，给我发来了上世纪二十年代初其父李笠教授在瑞安与金嵘轩等共同创办“知行社”的史料。温州市图书馆研究员卢礼阳先生作为多年的老朋友，一直关心、支持我的创作，从我们一开始动笔，就热情地多次提供史实线索，发来多篇资料包括他自己所写的文章；致力于赵超构研究的富晓春、擅长温州抗日战争史研究的王长明先生也发来了有关参考材料。项瑞铮先生热心地帮助联系采访活动；施菲菲老师把自己采写金氏家族所积累的全部素材转发给了我；在盟市委工作的陈熙熙除了陪同我们采访，还到温州市政协文史委找来了几乎全套的《温州文史资料》，并让温州中学校史馆拷来了老照片。瑞安中学校办主任陈耿提供了金嵘轩与瑞中的史料；瑞安市图书馆馆长王晓东帮助我们寻找、复印了有关资料；叶茂钱先生则从自己的大量藏品中，挑出金嵘轩撰写的对联及给学生的留言拍摄后发给我。可以说，这本传记的完成，与其说是我们的创作成果，不如说是大家共同完成的。

我们的目标是最大可能地还原历史，当我们在写作中遇到困惑时，金恒景老师作为与金嵘轩一起生活时间最长的家人，就多次提醒我们对传主不要随意拔高，应该以实事求是的态度写出一个真实的金嵘轩。由于当年的师生之谊，金老师对我很是信任，碰到写历史与生活细节时，无论早晚，经常一个电话过去,他总是有问必答,把自己所知道的一切都告诉我。我是写好一章就给他发去一章，他都认真地审读。就在我对全书进行修改、统稿之际，他还特地在微信里给我发来了这么一大段:“清末民初众多有识之士深知国难危重，纷纷‘揭竿’而起，有提倡实业救国的，有主张强军救国的，也有如我爷爷那样力主教育救国的。家祖其实没有那么高的政治境界，解放前提过‘三不’主张，解放后他对我的提醒是‘不问政治，莫谈国事’，其实他只是一介有道德底线的普通文人。应按当时的社会现实实事求是如实论述，因为这就是历史，我们要经受时间考验，更要接受史学家的质疑与考证。”

历史是一道绵长无尽的河流，真正的长卷也是言有尽而意无穷的，我们现在完成的这十几万字的篇幅，远远不能浓缩金嵘轩丰富多彩的一生，还有许多故事以外的故事，应当有另外的描摹。不少温州人熟悉在教育战线上呕心沥血、无私奉献的金嵘轩，但很少有人知道他其实过着苦行僧般的生活，家庭负担也十分沉重。早在三十年代他的夫人就得了严重的精神病，不时会发作一番;温州解放后他的长子金溟若、长女金志晨、小女儿金志昭一直流落海外，直至辞世都未曾谋面；他的次子金志庄因错划为“右派分子”被开除公职，遣送回林垟老家劳动教养，生活陷于绝境。在重重压力与打击之下，在“反右”时他虽身为温州市副市长，他也曾迷惘过；“文革”中他无力承受那难以想象的政治压力和无端诬陷致精神失常……经历的磨难可谓多矣。他的一生真实、生动、贴切地诠释了高尚的信仰所赋予人的坚不可摧的精神力量，其意志之坚强，生活之俭朴，律己之严格，信念之执着，奉献之无私，凝聚一身，圆融为一种浩然正气，直穿云翳，回荡在浩渺无际的天空。

著名诗人艾青说：“为什么我的眼里常含泪水？因为我对这土地爱得深沉。”仰望星空，俯瞰大地，守望家山，虽然金嵘轩离开我们已经半个多世纪了，但他对人生的信念，对教育的信念仍然熠熠发光。二十世纪渐行渐远，先生之风，山高水长，他的精神穿越历史的记忆，透过深邃辽远的星光，唤醒了流淌在我们血液中的那份虔诚信仰，让信念点亮我们的人生。这，就是我们潜心创作这部传记的目的。

二〇二〇年十二月三十一日深夜

本文选自《守望家山——浙南教育家金嵘轩》，中国书籍出版社二〇二一年三月第一版。

张棡日记（二〇则）

张　棡

民国十年

十月十日　阳历十一月九日　礼拜三　晴

五句钟出外，赴墨香簃少坐，旋赴师校访马少坪先生，兼晤项君性秋、叶君木青、金君蓉轩，茗谈至九下钟乃回校。

民国十一年

二月十八　三月十六日　礼拜四　雨

是日四句钟各教员开会，议学制分科规则，兼与金君荣仙议十中教育研究会事。

二月廿七　廿五日　礼拜六　晴

下午二点半钟赴女塾课诸生《滕王阁赋》一篇。既而牟君子强、金君荣轩来，课毕，仲琳留三人小点，乃兴辞回校。

三月初五　四月一日　礼拜六　霁

九句钟洪岷初来校，偕之坐邵校长房内晤谭片刻。付福聚园前月酒食钱大洋五元三角正。下午一句钟赴浙东旅馆访洪岷初，馆中言洪某未曾寓此。乃至瓯江旅馆，见新布置无多客寓，疑其不在此，又至乘凉桥下各栈询问均无。知仓后庙有文明戏，遂赴登茶楼观之，趣剧是《打城隍》，正本为《马介甫》，看至完台回校。门房言，本晚邵校长请洪岷秋饮酒，并请予陪饮。时校长已赴福聚园候客，予闻遂赴园，见季达、公驭已先在楼，既而杨君效苏至，岷秋至、叶晓南至、金荣轩至，坐席后陈筠仙至，约饮至八句钟半，忽电灯顿灭，急继烛饮之。

四月十五　十一日　礼拜四　晴

而本晚邵校长亦于是园请处州省视学许某，陪席者杨效苏、谢剑秋、马公愚、金荣仙、林熙春诸人也。回校已十句钟，付人力车铜元四片。

九月廿七　十五日　礼拜三　晴

九句钟赴德昌少坐，旋坐车赴十师学堂访同事金荣轩先生，并告借呢大衣一件，为三儿出门御寒之需。

民国十三年

六月初三　四号　礼拜五　晴

晚饭后赴师校访陈志溥，当与叶木青、金荣轩三位快谈。闻此次老邵已被人挤走，调任第八中校校长。

六月廿二　七月廿三　礼拜三　晴

阅《时报》，知湖南、江西、闽省、天津均大水。又十中校长部聪去，教育厅已聘金荣轩继任。

七月初五　五日　礼拜二　晴

下午赴浣垞少坐，郡城余君丙文、沈君云巢来访。丙文言：“本春自十中去职后，旋因师校书记员章黎青逝世，仍入师校继职办事。”又言：“下学期新校长金荣轩于中师两校大加陶汰，教员中如林易谁、张益三、马小坪、张梦吉、段钢城、何子洲、丁放鹤、李岳臣均不聘请矣。且下学期主任制又废，仍用监学，唯两校用二教训主任”云云。

七月十一　十一日　礼拜一　晴。晨起天气稍阴，无多日色

既而林生昭音来谈，言：“近日金荣轩接校长任后，听信群小之言，专张东洋旗帜，外间颇来物议云云。且现在中师两校部主任均未聘定，校内一切功课未排，故各教员关约俱未发。”

七月二十日　八月廿日　礼拜三　晴

九点钟赴叶孟然家与仲诜嫂少谈出，遂过十师校访李生仲骞，谈次又值其友陈某来，因言：“此次金荣轩登场办事专倚缪拯中、伍叔傥二人为顾问，叔傥已代为函通外地推荐教师，而未有回耗。至北京之刘啸秋，恐不能就任，周予同允而仍出外。李雁臣已就广东大学之聘，每月脩金三百，渠虽游移不敢去，然欲其回就本地校席，亦恐未必。李孟楚则近患淋症，四十日未出大门一步，下学期恐难任教。而荣轩犹痴心欲延聘外地国文教员，每月辛金一百，想此种苦趣，外人亦未必肯受。由是观之，十中、十师两校内部均未组织完成，又迫开学期间，正

不知此君何以善其后也。”仲骞言已与林醒中斟酌，将劝予仍为冯妇，亦见师生感情，而岂知非予之所望也。

九月初二　卅日　礼拜二　晴

四儿行李并附寄，盖通知书来言，今日十中已开学矣。干戈甫息，即诵弦歌，金荣仙真粉饰太平之妙手也。

赴浣垞少坐，闻人说，本日瑞城又有福建兵千余过境，毫无纪律，一味蛮横，小家妇女有姿色者，无不望风而避。甚矣夏定侯之引狼入室，贻害地方无穷也。读夏存古《大哀赋》，其悱恻缠绵尤觉突过兰成，此才早摧，真天之不佑明也。

九月十一　九日　礼拜四　晴

晨七句钟銮儿束装附轮晋郡赴中学，当付去学费大洋式拾元，又写函寄校长金荣仙及南湖叶婿，即交銮手带去。

十一月初五　十二月一日　礼拜一　晴。晨起天气较凉

八句钟出外赴长发栈访腾秋婿，言已于本早附轮归。随便过十师校访叶木青、陈志甫两人，约谭至十句钟返。木青言本晚十师开同乐会，嘱予晚来看戏。遇金荣轩亦言及，予姑允之。

民国十五年

四月十九　卅　星期　晴

又遇金荣轩送其夫人、女儿附轮归林垟。荣轩与言夏伯龙之妻欲请予过伊处商酌大同女校事云云。

五月十一　二十　星期　阴

晨起啜粥，胃口仍滞，八句半钟出外坐人力车赴十师学校，付车力铜元六片，遂至叶木青房内晤谭，适金君荣轩亦在座，因与言鋆儿赴沪应试事。渠言须大考后方可给证明书云云。

民国廿三年

四　八　五　二十　星期　晴

晚同鋆儿、榛侄、夏公武坐车赴中皮市巷林同庄家饮喜酒。晤叶啸谷、金蓉轩、叶木青、陈哲民、洪子庄、周邦基等，他乡遇故知，真有宾至如归之乐。

四　廿二　六　三　星期　晴

晚与鋆儿出外赴马行街访叶木青宅，到则木青与金荣轩均在，茗谭数刻，二君约予明日游湖，告以已诺赴夏君瞿禅之江大学之招，木青遂约明下午去之江访予。

四　廿三　六　四　星一　晴

是日为四儿杭馆休假日，乃同出外坐车，赴湖滨公共车站。少待即登车疾驶，八句半钟即驶至六和塔电车站下，步行赴夏君瞿禅之招。于路恰遇瞿禅孺人来迎，遂同行登山，曲折达夏君寓庐。盖此庐在山凹中，林木深秀，面对钱江，眼界极阔。入庐则桌椅书架位置楚楚，时瞿禅尚上课未回也。夏孺人款接殷勤，茗叙片时，而瞿禅来见予父子，把襼快叙，并抽架中新购各词书见示，如仿宋影印《南宋六十家词》、朱彊村《词学丛刊》、叶恭绰新刻《宋词秘本》，均词书之精籍。瞿禅工词，故其所买之书如是，物聚于所好，不其然欤?午刻夏君夫妇设席陪予父子欢宴，殽馔极丰，惜予量不胜蕉叶，无从领其盛情。饮毕，又邀予登楼，楼为卧室，壁悬谢君觐虞赠联及同时僚友摄影，内有李仲谷之子杲民夫妇照片，杲民以好色伤生，然其人聪颖不凡，实是李氏佳儿，其所辑龟甲文手稿虽寥寥仅数十叶，为北平容庚君序之，现存瞿禅处，足以验其学力。又为瞿禅书佛经条幅一纸，亦古致错落，书味盎然。至于朱彊村与瞿禅手札十余通，瞿禅均以绫装裱之，具见雅人深致。

一句钟后夏君与予等循山将游之江大学，适路遇木青、荣轩、管调阳三位，快甚，即与共游大学文学院、图书馆、理化室、科学馆各处。是校本美国教士鼎建，凿山通道，辟址筑堂，木石精致，髹漆光洁，较之浙省大学、高中学校实胜之。且面对之江，风帆一览，尤觉气象万千。

自校出下山将趁汽车赴游云栖，以车不到彼，乃改车转游虎跑及六和塔。此塔在开化寺左首，塔形八角，每角各阔四五丈，高有九层，计五十余丈。予等登之如游一大寺宇，忘其为塔，以足力恐疲，仅上至两层而下。旋赴虎跑寺，夹道丛篁茂树，约有一二里长，始抵山门。从山门迤逦进寺，地极幽静，中有方池一区、石砌下安龙口，山水从龙口洒出，名为虎跑泉，泉味清冽，因同坐左寮，各饮虎跑泉茶。又从寺各处游玩，盖此寺为济颠和尚成佛处，后面一亭为济公法身龛塔亭，榜“活佛”二字。立玩片时，以时间不早，诸人相将出寺，坐寺门口候公共汽车来趁坐，赴湖滨车站而下，木青即邀予父子赴虹月楼菜馆小酌。该馆招待均是青年女子，设馔为醋熘鱼、鲜莼菜、炒鸡丝、波罗蜜等，饮毕，各餐饭一顿出。以天色微雨，遂与木青、荣轩、调阳告别，分路乘人力车归。调阳是老友管引和之孙，木青夫人之内侄也。

五月初一　六　十二　星二　雨

午后小琳来晚饭。予夫妇与四儿夫妇出外，由小河下步行赴马坡巷政府自治专修学校访金君荣轩，茗谭片时出，旋至城车站少坐，兼游中山公园。游毕遂四人联步从东市街一直取路归。城站书坊颇多，兼储有大板古书，惜匆匆过之，不暇细为浏览。

选自《张棡日记》，中华书局二〇一九年十月第一版。

夏承焘日记（一〇六则）

夏承焘

一九二五年　民国十四年

五月二十二日　晴。

附止水书致温州中学校长金蓉轩嵘一函，谢春间承邀任母校讲席，附西北大学讲义一束。

六月二十九日　晴。

五时半开船，微雨甚凉。　　舟中台州同乡甚多，晤瑞安林赤光穆，幼时同学，自南洋归。金蓉轩、林易谁、孟微中诸人过从，颇不寂寞。

七月十一日　阴，凉。

访金蓉轩于师校，遇马孟容师及瑞安李翼伦，以新著《新闭关主义》一册见贻。

七月十七日　阴雨无常。

金蓉轩先生来。

八月一日　晴，热。

早与寅侯赴江冷家开瓯海公学筹备会议，晤金嵘轩、林省中。

九月二十八日　晴。

第十中学校送关聘来，高中部国文五小时。　　发孟楚二书。为中学讲课事。此次瓯海公学各同事皆劝予勿就，而孟楚则催趱甚力。双方皆碍于情谊，但吾辈青毡一席，何与人家意见私忿？予平生作事素无圭角，更不甘投身漩涡，趋步随人，且中校长金嵘轩君春间曾由止水聘予一次，以仓猝出门，托故辞之。若今再不就，未免令人疑我太自高岸。夜与纯白商酌，决意诺之。纯白亦受聘，任三小时。

十月一日　晴。

早金嵘轩来，言十中讲课。

十月十日　晴。

中学校同事中名誉狼藉者有三数人，金嵘轩为人优柔寡断，留之不肯斥去，恐非学校之幸。

十月二十九日　晴。

夜七时，赴十中第二院开经济会议。校费受战事影响，九月薪未到，八月到未领。金嵘轩校长提议每人月给薪十元，维持数月，但中学两部及小学部三个月亦需万四五千，五、六、七三月各县旧欠尚把握。九时半散，到会教职员共四十余。

一九二六年　民国十五年

正月二十二日　晴。

晚访陈伯权及金蓉轩校长，为介张濯尘、游止水教席。

二月八日　雨。

致金蓉轩一函，言濯尘事。

二月十日　晴，夜又雨。

金蓉轩校长来一函，言濯尘事不成。

二月十七日　雨。

发濯尘无锡书，告所图不成，附去蓉轩信。

七月二十四日夏正六月望。晴，热。

早于籀园次饶丈席晤金嵘仙校长，自杭州归。谈次及整顿学风，予谓学生吃香烟、做淫戏，美其名曰“表演”。非严禁不可。温州今日自中学至小学，无不盛行演剧，流弊有不堪言者，当为一文张报耑大骂之。

八月二十九日　晴。

夜金嵘仙邀谈商谢玉岑教课。玉岑本学期不来温，已就上海南洋公学聘。

九月二日　夜大雨。

早赴十中招生，试验高中普通科师范科，共招八十名，应考只六十余人。嵘轩初谓试题太深，恐不能多取。予为薙芟较难者数题。试时学生展卷见首题《三国志》作者姓名，瞠目咋舌。夜九时阅卷，六十余人中及格者只十一人，有答“冰，水为之而寒于水”出物理学者，笑话甚多。中文程度考初中一年者反有佳卷。夜十一时归宿杨柳巷。

九月五日　夜雨，雷电。

赴十中夜宴。嵘轩谓玉岑不来，属予分任其功课。予允其最多只能任一班国文，为荐郑姜门。

九月八日　晴。

晚金嵘轩来，属担任谢玉岑教课。

九月十八日　晴。

金荣轩来一札，言与志冲换教课事。

九月十九日　晴。休日。

金荣轩言换课事。

十月十二日　阴晴饾饤。

今日省中、酒周方面□□路要学生去属其勿□□□□金嵘轩、董仲光、木斡斋诸人□来调停，寅侯拒不容纳。

十二月九日

（《夏承焘日记全编》主编按：“笑”上缺）笑拈丈、嵘仙、木青、冷生诸人。下午课后赴送丧，已出发矣。

一九二七年　民国十六年

正月六日　阴。

午后三时赴潭前陈世奇家贺段光尘同事结婚，晤金嵘轩、叶木青、方彝忱、马公禹、陈仲陶、赵柏庼及志冲。夜八时宴散，与志冲同归。

三月十四日　阴雨竟日。

作家书及止水书，告将赴杭。　　叶木青来，闻金蓉轩亦不久赴杭。

三月十九日　阴。

午后访林本侨，闻少卿拟招蓉轩充省督学。

三月二十二日　晴，暖。

瀛洲旅馆晤金嵘轩、叶木青。嵘轩调省督学。闻继十中校长为蔡梦生，诸暨人，武昌高师毕业。教育科今日发表十中学校长，无一旧人。

三月二十三日　雨。

访蓉轩，不值。

三月二十五日　阴。

过瀛洲寓，晤蓉轩，约三四日后同赴甬。

三月二十七日　晴，暖。

上午仲荃丈来，邀同诣林同庄局长，不值。皮市巷五十九号。晤蓉仙、叔青、许次玄、戴悟仙、黄大良于瀛洲栈。　　遇曾勉之，邀予返温州十中学校。午后访林本侨于大方伯图书馆，则怂恿予入甬四中，谓为公私计，温州皆不如甬。晤蓉轩及方述斋，亦劝予入甬。

三月二十九日　晴。

晤叶木青、陈志溥、刘延陵同事。蓉轩为予作一书，致叔琴，言校薪，劝予决就第四中学。

三月三十一日　晴，暖。

晚晤蓉轩、晓初。

四月六日　阴，雨，甚冷，御裘。

发杭州教育科天縻、少卿、蓉轩一函，告到甬及编《革命文学史》。

六月九日　晴，凉。

金嵘轩偕袁恒初桐庐人来视学。

六月十日　晴。

夜叔琴邀陪宴荣轩、袁恒初于江北岸西粤楼，十时归。

六月十一日　晴，热。

午各同事宴荣轩于青年会。

七月九日　晴，晚雷雨。

发杭州教育厅金蓉轩、上海江湾立达学园方光焘二挂号信，托下期于杭、沪间图一讲席。

七月十一日　晴，热。

过止水商就九中教席，予以严邑僻左，属修人婉辞之。止水明晚起身赴杭听暑期讲演，托其与修人、蓉轩酌之。

七月廿二日　晴。

得金蓉轩杭州省政府书，劝予就九中教席，受亦文托也。

一九二八年　民国十七年

二月十四日　晴。

夜叶木青招饮市楼，同席金蓉轩、洪季川、亦文、亦文夫

暂任温中训育主任也。

八月卅一日　晴，夕大雷雨。

金嵘老令媛志昭来考浙大，宿湖楼。

九月廿七日　晴，凉。

午后诣金嵘老于温中，苍老多矣。

十月五日　凉。

嵘轩翁来邀讲演。

十月六日　午后雨。

介祥楣代天五课，与同诣嵘老，谈廿年前嵘老办温中卖田赔款事。

十月廿二日　晴。

夕寅侯、然藜招饮华大利，高觉夫十年不见，沈炼之亦乘海穗行，金嵘老邀予廿四日往温中讲演。

十月廿三日　晴。

午后过温州中学听夏作铭、高觉敷讲演，晤管绕溪。夕金嵘老招饮，夏、高、潘怀素、陈铎民、沈炼之、谷寅侯同席。

一九四七年　**民国三十六年**

一月四日　阴。

午饭后步绕孤山，遂至通志馆，晤孟晋、墨庵、南扬、陈伯衡、郑季侃。孟晋谓前日同乡会之集，嵘轩先生为温中建校舍，欲在杭、沪、南京集款五万万。寥寥布述数语，座人皆大感动。闻其去年接办瑞安中学，又售其私田八亩。此次出行，不取公家路费，亦赔累不赀。嵘老诚圣徒，孟晋谓不特吾乡少有，全国能得几人，吾侪当尽力助之。

四月廿九日　阴。

得嵘老快函，属征书画，募温中校舍建筑费。

七月十三日　阴。

晚访嵘老于温中，介张嘉仪君。即访张君于徐宅，不遇，留一纸告之。

七月十四日　晴，热。

张嘉仪君来，肯就温高文史教席。午后与天五过嵘老谈寄聘书。

七月廿五日　晴，热。

早与天五过嵘老，劝挽沈炼之留温中。过云帆，介绍朱曎教席，以魏忠托也。

傍晚过温中，欲从蒋幼山翁学定劲，久待不至，遇平阳薛邦瑞。云从学生。过嵘老久坐，问养生法。嵘老今年六十，尚壮健如少壮，谓早岁极弱，百病丛集，两足半截冰冷。在日本留学时，当日俄战后，日人心情正激昂，时时讥我邦人为病夫，遂决意锻炼身体，雪此污辱。虽严冬酷寒，临睡必汲井水二三桶扑身为浴。今虽一度间断，临睡亦必以温水遍抹全身，每睡必熟，境界至好。且数十年来未尝有梦，真到“至人无梦”境地，百病尽去，记忆力亦转强。又谓深呼吸有三步，初求匀，次求长，最后求细。

七月廿七日　晴。

午前过温中，请蒋幼山翁教定劲，谓初起一切勿用力。晤陈逸人，谓嵘老昨致电教厅辞职。

七月廿九日　晴，大热，闻南京、杭州皆热至百度左右。

早炼之、张国雄兆飞来，嵘老辞职，欲荐炼之自代。

八月六日　阴，凉，夕雨。

早与天五谒嵘老介马锡鉴，因听其谈。静坐，右足背拇指上方微木，不知何故。

九月十五日　晴。

午后炼之来，过嵘老辞行。

十二月十日　晴冷。

夕多乱梦，念金嵘老终年无梦，心境诚不可及。

十二月十六日　雨，冷。

得嘉仪复，谓与鹭山相对，如读乾象《文言》，甚喜知之不尽，能久而弥敬。又谓金嵘老仁厚中正不可及。

一九五〇年

一月一日　阴，暖。

途遇沈炼之，交与致止水一函，在东瓯中学岳希处晤金嵘老，云三日晚首途返里。

六月廿七日　晴，热。

过孟晋久坐，闻沈炼之、王晓梅、方钟敏诸君被举为温州市代表来杭，金嵘老、王纯侯则为特聘代表。

八月四日　晴。

过东瓯中学，晤剑夫、印心、逸臣、慈寿、道中、金陈莲。闻嵘老病肺炎，往浙江医院访之，云开会极劳碌，不能过平日规律生活，毕竟老矣。

一九五一年

九月廿九日　晴。

往环湖旅馆，晤金嵘老、沈炼之、柯彝斋、方钟敏、范作虞、叶显文，皆新来杭开人民代表会。

十月二日　晴。

金嵘老、沈炼之、樊作虞诸君来。

十一月三日　晴。

过温中，晤嵘老、仲武、天五、陈适、育贤、道中、朱鹏诸君。

一九五二年

八月三日休日。有风，凉，夕大雷雨，有秋意。

苏尔寿偕炼之来，谓将往云栖筹备土木工程学校。谓金嵘老顷来杭开会，瘦削几不可识，劳惫甚矣，其精神可佩。

十二月二十一日　晴。休日。

十二时过金城饭店，访嵘老、陈铎民，不遇，遇徐赤文先生，新被选为副市长。

一九五五年

二月廿二日　晴。

晤张云雷、金嵘轩两翁，张翁七八年不见，体貌尚未改。午同饭于大华饭店，天五来会。

四月十九日　阴。

阅报，浙省文化学术界发起研究唯物主义委员会，委员中有予与金嵘老、陈立、沈炼之诸人。

六月四日　晴。

九时同返西湖饭店，予宿嵘轩先生房中。嵘老今年六十九，手脚轻便如五六十人。上午听其谈少年境遇，在日本所受刺激，因发愤锻练身体，至老不懈。又谈锻练身体与思想改造之关系。予劝其写为一文，鼓舞青年人。

七月二日　晴，热。

夕得叔常来函，谓金嵘老近被选为温州市副市长，作广播谓欲以余年尽瘁于社会主义社会。

一九五六年

二月三日　雨。

晨与炼之同车往民盟晤嵘轩先生，明日往北京开民盟代表会。

三月廿三日　雨。

又谈步奎与张嘉仪关系，孔望、金嵘轩能为作证。

四月廿四日　晴。

夕金嵘老来。

九月十二日　晴。

夕嵘轩先生来谈孟楚事，托其写信致瑞安统战部，予与心叔则具书致政协，托孟晋为书催文史馆，分头进行，当易成功。

一九五七年

四月廿二日　雨。

与谷寅侯过浙江旅馆见金嵘老。

一九六〇年

二月十八日　晴。

晨八时半，政协与人代会正式开幕，周建人、徐赤文作报告。午后过金城旅馆，遇金嵘老，教予作床上锻炼十二式，云会集太极拳及其他各健身法为之，嵘老行之数十年矣。

一九六一年

九月七日　晴。

午饭后季瑜去，为作一函致金嵘老，介其子明哲入学。

一九六四年

九月廿二日　晴。

今日省政协第三届第一次委员会开幕，予被邀列席。九时半车来，十时开会。江华政委致辞，汤元炳读政协一年来工作报告。午后二时半在中华旅馆小组讨论，予在文艺组，与盖叫天同列席。听毛佩卿、张茵谈演新戏教育人之力量及与落后观众之斗争情况，颇动人。晚饭后访金嵘老、张景飞、谷寅侯诸同乡于湖滨旅馆。

一九六六年

五月八日　晴。休日。

夕与渭英散步至武林路，过郑以真翁，不遇。归，遇徐规，谈金嵘老近又入杭州精神病院，今年八十矣。

一九七九年

九月十五日　晴。

上午陈友琴送来由文学研究所转的来信两封。一封是金嵘轩追悼会通知，已过期；一封是长沙市二中教师李振邦托代买《论词绝句》，即日挂号寄去。

选自《夏承焘日记全编》，浙江古籍出版社二〇二一年十一月第一版。

夏鼐日记（五六则）

夏　鼐

一九二四年（民国十三年）十六岁

是年秋，小学尚缺半年，乃借堂兄夏时之文凭，考入十中，当时投考者达八九百人，仅录取百名，余居然居第二名（第一名为郑翔鹏君，乐清人，去年小学毕业，曾在蚕桑读过一年，后改名郑傑，中央大学毕业）。校长为瑞安金嵘（荣轩）先生，级任为魏肇基先生，即《爱弥尔》之译者。

一九二七年（民国十六年）十九岁

是年春，改在道司前旧十师校舍上课。二月十二日开学，组织学校维持会，上课二三星期，金校长到省里去，来电说省中已委蔡梦生为校长，校务又停顿，到三月十七日又行开学。

一九三五年

六月十五日　星期六

下午访陈巽庼君，询问办护照之手续。又至丁家巷三民印刷局，谒金嵘轩先生。

一九四二年

十二月五日 星期六

下午往谒金嵘轩先生，金陵一别，已七年有余，金先生亦现老态矣，殷勤垂询别后情况，后又偕赴瓯中。

一九四三年

一月二十日 星期三

下午谷起选君来，乃十中时老同学，现任温师体育教员，闲谈别后情况。旋金嵘轩先生来谈。

一九四六年

八月十六日 星期五

上午偕徐煜光君往谒金嵘轩先生。金先生得省府任命为温中校长，来温打听温中情形，以便决定行止也。

八月十七日 星期六

上午为介绍兰英侄女职业事，又跑了一趟教育科，总算荐进水木石小学任教，惟报酬甚微。徐煜光君来谈，谓金嵘轩先生拟就温州校长一席，惟聘请教员事成问题，以时间已过晚，拉不到好教员也。

八月二十四日 星期六

至沈炼之君处，知金嵘轩先生将于今日来温，温中校长一职，谅不坚辞。

八月二十六日 星期一

阅《永嘉县志》卷二十七、二十八。上午鲁师参与潘行琳君来谈，鲁君托余向金嵘轩先生介绍职务。旋余赴县府，晤及陈继凯君，为兰英侄女就水木石小学聘约事也。旋至温中谒金嵘轩先生，据云教员方面尚多空缺，职员则缺额不多，仅允留名供参考而已。遇及金志庄君，已十余年未晤面，约之有暇来谈。

九月一日 星期日

下午姬妹来，谓煜光温中教席发生问题，乃赴温中晤及陈铎民先生，晚间又往晤金嵘轩先生，大概可以挽回。至董朴垞君处，又托之说情。

九月二日 星期一

上午又至陈铎民先生处，托之再向金先生说续聘煜光事。

九月三日 星期二

至金嵘轩先生处询问煜光续聘事，谓明日可决定。

九月四日 星期三

下午至金嵘轩先生处，谓煜光仅可在瑞安分部任教。

九月十三日 星期五

晚间赴温中谒金嵘轩先生，闲谈一会，陈铎民及施化常二先生亦在座。

十月十八日 星期五

至温中，谒金嵘轩及陈铎民二先生。金先生约余下星期至温中讲演。

十月二十三日 星期三

预备讲演稿。赴籀园，梅冷生及潘国存皆不在馆。下午沈炼之君来谈。旋至温中作第二次讲演《中国新石器时代文化之发现》。听高觉敷先生讲《外物之引拒值》。晚间金嵘轩先生在华大利宴客，在座有高觉敷、夏瞿禅、沈炼之、潘怀素、段钢城、陈铎民、谷寅侯、朱然黎诸先生。

十月二十四日 星期四

下午赴温中作最后一次讲演《殷墟之新发现》。旋在黄云畴及管雄二君处闲谈，听夏瞿禅先生讲演，讲演题临时宣布为《怎样做第一等人物》，使余大失所望。在嵘轩先生处遇及金志庄君，候轮赴沪转台湾。

十月三十日 星期三

晚间赴鲁师参君之约，至新味雅酒楼，在座者有金嵘轩先生及戴千里、叶显文、李国栋诸君。主人则除鲁君外，尚有黄公权、沙建勋、林锦澜诸君，以现下物价过高，多合伙请客也。

十一月三日 星期日

中午赴叶芳君之邀，在其家午宴，在座者金嵘轩等。

十一月十三日 星期三

午后邀黄云畴君同至公园饭店胡冠君处，光华校友照团体照相。除昨日各位外，尚有黄云畴君及玉环县长姚君。照相后，与杨学德同赴清明化工厂，晤及蔡孔耀君。出来后至温中晤及金嵘轩校长及陈铎民先生。

一九四七年

一月十四日 星期二

至温中谒金嵘轩校长，闻煜光已返家。

一月二十八日 星期二

上午往谒金嵘轩先生。暄儿投考报名，以照片问题托董朴垞君代报。

五月二十四日 星期六

午后，赴温州中学，晤及黄云畴君，又往谒金嵘轩、陈铎民二先生。

一九四八年

二月一日 星期日

晚间赴温中访金嵘轩校长未遇，以今日下午姬妹托为煜光谋教席事也。

二月二日 星期一

上午赴温中晋谒金嵘轩先生，谈及煜光事，无结果。

二月二十五日 星期二

上午访金嵘轩先生，晤及吴天五及董朴垞二君。董君赠余以《中国史学史稿本》。

二月十五日 星期三

上午至叶昌荫君处，遇及谷寅侯、叶啸谷诸先生。至温州中学晋谒金嵘轩先生。

一九四九年

一月七日 星期五

下午遇及管饶豁君，知已于四日返里。访沈炼之、金嵘轩、王则诚诸君，皆未遇。

二月三日 星期四

中午在瑶琴侄女处春宴。归途访温中金嵘轩校长及董朴垞君，均未遇。

六月十日 星期五

上午与王祥第君偕至温中，晤及董朴垞君，往谒金荣轩先生。

七月十三日 星期三

下午至沈炼之君处少坐，闻文教部前日召金嵘轩先生及沈君谈话，嘱以改组温州私立中学之董事会事，以沈君为瓯中董事长，金先生为建国商高及建华之董事长也。

八月二十二日 星期一

上午赴张一纯君处，偕往谒金荣轩先生。

八月二十六日 星期五

温州市人民政府定于二十九日成立，正副市长已发表为胡景瑊及曾绍文。市立中学校长已发表为沈炼之，教务主任为汪远濰。省立温州中学校长，仍为金嵘轩先生，教务主任为魏忠。赴沈君家道贺。

九月三十日 星期五

偕宋超杰、杨慕衡二君赴打锣桥吉利快船办事处购票。又至陈铎民、金嵘轩二先生处辞行。

一九五〇年

一月一日 星期日

今日为解放后之第一元旦，虽天阴路湿，而杭州民众庆祝之热诚不减，校中举行团拜。至振恒村，向苏步青、王国松二先生贺年。午间与杨杰、张慕骞二君至东瓯中学，约金嵘轩、沈炼之二先生，至延龄路“都一处”餐馆聚宴。

一月三日 星期二

午后至陈楚淮君处，晤及金、沈二先生，知今天夜半离杭，托沈君携一家信。

二月十六日 星期四

今日为旧历除夕，天气奇冷，雨中夹雪，市面萧条。上午至永沣取款，晤及谷寅侯、陈剑生诸先生，谈报载中苏新协定事。下午至温中，晤及金荣轩校长及魏忠君。

二月二十一日 星期二

接祥第信，托找事。至张一纯君处，与之商酌，偕往访沈炼之、金荣轩二校长，皆无结果。金校长允为介绍温师。

四月三十日 星期日

参加温州中教联仙岩旅行团。今日天气放晴，依时达小南门码头，前来参加者连同眷属共六七十人。金荣轩、沈炼之、魏忠、董朴垞、张一纯诸师友皆来参加。

五月九日 星期二

下午至市中，这两天为彼校之校庆，今日下午自校长以下，全体教职员协同学生动身工读，出去挖土。温中金校长及魏忠君来参观，亦空手而去。金校长约余本星期六讲演。

五月十三日 星期六

上午预备讲演稿。下午至温中演讲《从猿到人》问题。讲后在金校长处闲谈。适徐赤文先生为温州各界人民代表大会来找金校长，谈及北京水利部拟请其赴京任职，徐已答应，月内即前往。

八月二日 星期三

晨间抵杭州，赴刀茅巷宿舍。今日为阴历六月十九日观音诞日，杭市居民有供香烛，以奉神者。赴校中，晤及石兴邦君，谓已决意离浙大，拟加入中科院。系中诸同学多参加星期下乡工作，中午始能返校。余赴罗苑，访夏瞿禅先生未遇。至陶社，吴均一先生赴沪未返。至沧州旅社，知金嵘轩先生卧病在省立杭州医院，前往访之。

一九五二年

十月一日　星期三

傍晚赴县学前观展览会，遇及梅冷生先生。稍谈后，赴第一桥，至金校长家中，遇及金嵘轩先生及志庄君，王祥第君亦在座。

一九五六年

二月七日　星期二

下午参加政协闭幕会。晚间去访金嵘轩、沈炼之二先生（住在和平宾馆），谈至十时返。

二月八日　星期三

午后偕抱冲及张山樵同志赴和平宾馆访金嵘轩、沈炼之二先生。

二月十日　星期五

下午继续讨论，晚间请金嵘轩、沈炼之二先生吃分岁酒，潘怀素、郑愈、王明诸同乡作陪。

二月二十二日　星期三

上午大会，王冶秋局长传达李富春、陈毅二同志关于远景计划的报告，刘大年同志报告社会科学部的远景计划问题。下午分组讨论。余返所，顺途往访金嵘轩先生，谓二十五日南返。

十月七日　星期日

至大南门秀莲妹处小坐后，一起出来至市政府访金嵘轩先生，未遇。

十月八日 星期一

返家得李素芬内侄女留条，谓金嵘轩先生约晚餐。叔翰堂兄来谈，四时许始去。遂偕秀君赴第一桥下民盟温州市委晤及金嵘轩先生，谈至六时许，偕至华大利餐馆用膳。

十月十四日 星期日

今日放晴。上午民盟温州市委会举行第一次科学讲座，请我向盟员及一部分中学历史语文教师作有关历史文物问题的学术报告，由金嵘轩先生作主席，致介绍辞，我略谈考古学在科学中的重要性，解放后考古发掘的新发现，及今后的展望，共达三小时。

十月十五日 星期一

午后赴市立图书馆参加座谈会，系市文管会及图书馆召集，由梅冷生先生主持，出席者有金嵘轩、方介堪、谢磊明、汪远涵等三十来人。下午二时开始，五时三刻始毕，报告关于中央文物政策、列宁图书馆情况及图书馆方针编目、文管会及博物馆问题，最后解答问题。

十月二十三日 星期二

赴民盟支部访金嵘轩先生，谈及温州师专及保护文物事。

十月二十七日 星期六

午后行李送运，共七件，由温赴金华，共计 9.41 元。赴温二中，偕德煊赴王祥第处，三人偕至明朗照相馆摄影。归途至市政府向金嵘轩先生辞行。

一九五八年

十月十七日　星期五

阅毕叶蓁《小小十年》(1—272 页)。作者是乐清叶蓁，在小学时比我高一年半，初中时比我高一年。女主角茵茵，真名为郑永英，是永嘉城内大同巷郑生记菜馆老板的女儿，在小学时比我低半年或一年。书中所说的离开家乡三十里的较大的城市，便是指温州城市，当时城里人口约十余万到二十万。家乡指“乐清”，“较为有名的学校”“稍微有点相当的成绩”的小学，便是当时的十师附小，在府前街。小学主任确是“很胖的人，笑起来眯眯地找不到缝”，名叫蔡慎铨，字谨初，瑞安人。喜欢打扮的英文教员兼级任，似乎是指谢泰。作者叶蓁相貌不扬，同学们替他起绰号叫做“烂棠梨”，其尊容可知，怪不得常被这喜欢漂亮面孔的级任所责罚。作者说自己脸上总带点蛮气，比有些同学面孔文雅些，还是带文人自夸的语气。小学同学沙如薰、张刚毅和王超迷，真名字是树勋、光荣、兆嵋。光荣是张老喜的孙，是叶吕荫的妻弟，后来在“教会学校”艺文中学读书，又到上海读大学，解放后听说在上海一个经济单位做干部。兆嵋是石板巷王鸣卿的孙子，也是王书林（中央大学教授）的侄子，上海交通大学毕业，抗战期中曾做生意发了财。兆嵋的弟弟兆云，后来学医。沙树勋后来被镇压，我不清楚。作者的情敌赵泌，真名是赵笙，后来娶了郑永英。作者所说三年级，是指高小三年级。在小学时十三四岁便闹恋爱，在性的方面可以说是早熟了。他上的中学便是省立十中。他是一九二三年考进去，所以一年以后，恰碰到齐卢战争，温州驻军是卢永祥部下的郝国玺旅。一九二四年九月卢永祥失败后，孙传芳的部下彭德铨部队，便由平阳分水岭北上到温州。由于温州士绅吕文起等出面，由商会出钱，买通郝旅撤出温州，所以并没有作战(我这一年暑假正考上十中；曾逃难在慈湖东庄外婆家住一个多月)。并不是像作者所说“某方的军阀，抛下自己的主见，将他已经剥削过的城池让给他的敌人了”。作者中学时的小白脸朋友“霖”姓李。当时中师合并，校长是金嵘轩先生，教务主任是刘晓初先生。所说的“借用一种教育的名义，来增加我们的费用，剥削我们”，是指当时因为战后省教育厅发不下经费，学校决定每个学生多交维持费几元，以便维持教职员的生活及学校的开支。不够之数，还由金校长自己卖了田亩来垫款。作者说金先生等是一班办学的学匪，未免过甚其辞。省立学校不比私立学校，不能随便增加学生负担。作者的中学同学今立不知道姓什么，元白和尚英都姓黄，是乐清人，思想有些左倾。元白便是黄云畴（万杰）的弟弟，有共党嫌疑，清党后曾被指名要加逮捕，潜逃离乡，后来便死在北京。我在清华读书时，云畴曾提及他的棺木仍停放在宣外教场胡同的温州会馆，他还提起叶蓁的下堂妻淑兰女士“也住在温州会馆，正在寻救自己的爱人”，对人家说，虽然被接到叶的家里去，名义上算是结婚，但还没有和他“同铺”，仍是处女身。在广州的同乡陈莎侬真名是陈素农，也教过我的体育，黄埔二期，抗战中曾做到师长或军长，解放前跑到台湾去了。军医胡健耕、叶耐言、陈乔然三人，我仅认识胡，真名是长庚，后来在温州城内挂牌行医。作者现今在那儿做工作，我却完全不知道。叶蓁在解放前逃到台湾，听说曾一度作台北卫戍司令。读了他这部自传体小说的前几章，使我回忆过我自己在中小学时的旧事，那已是三十多年以前的旧事了。

一九六三年

六月二十五日　星期二

写了几封信。复王祥第一信，关于介绍转业，只好说“爱莫能助”，但答应他代向嵘老说项，遂写一信给金嵘轩师。

一九七九年

八月十八日　星期六

上午得温州市革委会办公室来信，为金嵘轩先生开追悼会（二十六日）。金先生是一九六七年十月去世的。作一挽联寄去：“绛帐追思，春草池塘如昨梦；素帏遥奠，雁山瓯海共销魂。”

选自《夏鼐日记》，华东师范大学出版社二〇一一年八月第一版。

朱自清日记（一八则）

朱自清

一九二四年

七月

二十八日　星期一　晴阴不定

铁郎　圣陶（稿附）　舜年　季达（《朱自清全集》编者朱乔森按：每天日记前所列人名或单位，是记作者本日给这些人或这些单位写了信。下同。）

早邵来快信，转致金意。陈舜平来。

八月

一日　星期五　晴雨不定

晚遇荣轩、予同，劝我留温；我告以为难情形，辞之。

二日　星期六　晴

早访予同、荣轩，即在荣轩处吃饭。与他约，明日下午四时去，谈莩郡交代事。

三日　星期日　晴

下午访荣轩，谈萼郇事，他说可作为悬案，俟厅里公事定之。又介绍煦先，他不注意；我旋即取消此说。

在金处遇伍叔傥。介一约翰毕业的英文教师于金，金甚重视；即去电征同意。他们如此崇拜教会学堂，还与我十年前一样。

八日　星期五　晴

金荣轩来，嘱函方聘他。

十四日　星期四　晴

萼郇有信，言四中决办高中；嘱余力与金商交代事。

十七日　星期日　晴

（昨所记系今日事，因记在后故致误。）晚到金荣轩处，他问宋礼显好否，告以他在校的舆论。又向荣轩借六元。荣轩告我为我付币五元，甚愧！

二十一日　星期四　不定

荣轩今晚拍电，由林本转方。

二十二日　星期五　晴

访荣轩，未遇。

二十三日　星期六　晴

下午访荣轩，遇刘晓初，嘱向四中介绍手工教员，允为一询。荣轩谓萼郇事须再俟三四日。

九月

三日　星期三　晴

晤荣轩，知陈君已于昨日结婚，礼不能送了。此又因循之过，戒之！

四日　星期四　晴

家济　志钧　许杰　铁鸣　父亲　岳父　南头　郑尚　季中　功甫　予同　荣轩　济民　志超

访荣轩不遇，留一信给他，又一信给陈济民。

昨荣轩嘱到甬后告他以甬校情形。

十二日　星期五　大雨

人市　岳父　三姑婆　圣陶　雁冰　钟谦　丏尊　子恺　荣轩　孟容　晓初

二十二日 星期一 晴

平伯　荣轩　季达　钟谦　二舅　马氏兄弟　三弟　延陵　望道　醒民

十月

一日　星期三　晴

下午晤荣轩、晓初，他们劝我暂缓移眷。

二日　星期四　晴

下午别荣轩，还五元，又请代还公愚十元。他与晓初甚怅然！

十七日　星期五　阴

天縻　亦西　三弟　公愚　荣轩　三昧

二十五日　星期六　晴

圣陶　雁冰　煦先　荣轩

选自《朱自清全集》卷九《日记编》,江苏教育出版社一九九八年三月第一版。

宋云彬日记（两则）

宋云彬

一九五五年

六月四日　晴

上午七时半赴西湖饭店看金嵘轩、翁心惠，谈民盟事。又赴黄源家，与黄源谈两小时。下午，洗澡理发。赴体委会，与陈文徵谈半小时，又赴文史馆。四时半，赴民盟，与金嵘轩、翁心惠、施伯侯、王若水、章渭煊、姜震中等谈盟务。今日又接到金沛仁控告姜震中之补充文件。余告金嵘轩等，三年多来，余与姜之团结问题迄未解决，遂为人乘隙而入，肆行攻讦，今后应大家披肝沥胆，将问题放到桌面上来，只要我们团结得好，一切问题均不难解决也。金等均以为然。

六月六日　晴

上午参加小组讨论盟章修改。下午大会发言。选举出席全国代表大会代表，王国松、金嵘轩、翁心惠及余均以六十三票全票当选，沈炼之以六十一票当选。

选自《宋云彬日记》，中华书局二〇一六年十月第一版。

叶圣陶日记（一则）

叶圣陶

一九五七年

五月一日，星期三。

知云彬复来访，偕温州金嵘轩老先生（任温州市副市长），留字条而去。

选自《叶圣陶日记》，商务印书馆二〇一八年六月第一版。

编后语

夏海豹

一个人，在他离开这个世界半个多世纪以后，仍然有许多人对他念念不忘，说明他的精神是永恒的。金嵘轩是一位名闻浙南的教育界老前辈，几年前我曾应民盟温州市委会之邀，与胡晓霞合作撰写了长篇传记文学《守望家山——浙南教育家金嵘轩》，由中国书籍出版社正式出版并在温州大学举行首发仪式，在社会各界引起了较强烈的反响。

下功夫挖掘、搜集和研究金嵘轩这位温州近现代史上家喻户晓的名人的相关史料，对于我们当前研究温州教育史、对外交流史和温州家族史都有典型的实证意义。他一辈子从事教育工作，且大部分时间是在温州，门生故旧众多，桃李遍天下，近一个世纪以来，遍布世界各地的许多温州籍名人大都是他的学生，所以说，金嵘轩传记的出版仅仅是一个基础性的开端工作。去年下半年，温州市文史研究馆拟出品《温州学人印象丛书》，第一批推出夏鼐、夏承焘、金嵘轩和梅冷生等四位温籍文化名家，承蒙方韶毅先生抬爱，约我选编金嵘轩先生的纪念文集。因我手头写作任务较多，温州图书馆研究员卢礼阳先生便推荐了瑞安中学陈伟玲女士同我合作，她毕业于浙江师范大学汉语言文字专业，获硕士学位，多年从事古籍与地方文献的整理工作，学有专长，工作认真细致。

经过半年时间的工作，《一代师表金嵘轩》终于选编完成了。依据这套丛书的体例，不收研究性论文和金氏本人著述。文章的编排基本上以金氏生平行迹的时间为顺序，又保持了主体事件的整体性，以全面呈现金嵘轩的人生风貌和人格风范。

在选编过程中，我们曾得到了许多人士的关心与支持，温州肯恩大学党委书记王北铰先生、民盟温州市委会专职副主委王黎然女士、金嵘轩的孙子金恒景先生、瑞安中学校长陈良明先生以及卢礼阳先生、孙金辉先生、项瑞铮先生、蔡喜莲女士、胡晓霞女士、林云江先生等师友都给予诸多帮助，谨表衷心的谢忱。

二〇二二年四月于瑞安

温州市文史研究馆

温州学人印象丛书

考古泰斗夏鼐……王世民 编

一代词宗夏承焘……方韶毅 编

籀园守门人梅冷生……卢礼阳 编

一代师表金嵘轩……夏海豹 陈伟玲 编

图书在版编目（CIP）数据

一代师表金嵘轩 / 夏海豹，陈伟玲编 . -- 上海：文汇出版社，
2022.12
（温州学人印象丛书）
ISBN 978-7-5496-3923-6

Ⅰ . ①一… Ⅱ . ①夏… ②陈… Ⅲ . ①金嵘轩（1887-1967）
—纪念文集 Ⅳ . ① K825.46-53

中国版本图书馆 CIP 数据核字 (2022) 第 215152 号

一代师表金嵘轩

出　　品　温州市文史研究馆
编　　者　夏海豹　陈伟玲
责任编辑　苏　菲
装帧设计　何天健
排版制作　胡文胜

出 版 人　周伯军

出版发行　文匯出版社
　　　　　上海市威海路 755 号（邮政编码 200041）
经　　销　全国新华书店
印刷装订　温州市北大方印务有限公司
版　　次　2022 年 12 月第 1 版
印　　次　2022 年 12 月第 1 次印刷
开　　本　889 × 1194　1/32
字　　数　210 千字
印　　张　11.5

ISBN 978-7-5496-3923-6
定　　价　68.00 元